Kriegswirren
die Erlebnisse der jungen Anneliese

Eine autobiographische Erzählung der Kriegszeit aus der Sicht eines jungen Mädchens.

2. Auflage

Autorin
Anneliese Lehmann

Herausgegeben
Lena Wenzelewski

Impressionen
Lena Wenzelewski

Viele in diesem Buch verwendeten Bilder stammen aus dem Bestand des Stadtarchivs Mönchengladbach. Wir danken für die Erlaubnis, diese Aufnahmen zu nutzen und damit die Erzählungen und Erinnerungen lebendig werden zu lassen.

Adresse
Stadtarchiv Mönchengladbach
Goebenstraße 4 41061 Mönchengladbach

ISBN: 978-3-00-077747-9

Inhaltsverzeichnis

Vorwort der Autorin

Mein Name ist Anneliese Lehmann, geboren am 15. Januar 1936 in Mönchengladbach Speick, wo ich auch heute noch lebe. In diesem Buch teile ich meine Erinnerungen an eine Zeit, die mein Leben tiefgreifend geprägt hat: meine Kindheit und Jugend während des Zweiten Weltkriegs und die Zeit als Flüchtling im eigenen Land. In dieser zweiten Auflage des Buches habe ich meine Erlebnisse als Schulkind während des Krieges um ein zusätzliches Kapitel erweitert.

Die Kriegsjahre haben mich gelehrt, wie wertvoll und zerbrechlich das Leben ist. Als Kind, das den Krieg miterlebte, habe ich gesehen und gefühlt, was Verlust, Angst und Unsicherheit bedeuten. Doch ebenso habe ich die Stärke der menschlichen Seele kennengelernt – die Fähigkeit, Hoffnung in den dunkelsten Stunden zu bewahren.

Mein Vater, meine Mutter und meine Schwestern Irmgard und Ruth waren meine Stützen in diesen schwierigen Zeiten. Unsere Geschichten und der gemeinsame Lebensweg sind ein wesentlicher Teil dieses Buches. Sie haben mich gelehrt, dass Liebe und Zusammenhalt uns durch die härtesten Schicksale tragen können.

Mit meinen Erzählungen möchte ich eine Brücke zu zukünftigen Generationen schlagen. Es ist wichtig, dass die

Erlebnisse von Kriegskindern nicht in Vergessenheit geraten. Sie bieten wertvolle Einblicke und Lehren, die auch in der heutigen Zeit von Bedeutung sind.

Möge dieses Buch ein Fenster in eine vergangene Welt sein und gleichzeitig eine Mahnung, den Wert des Friedens niemals zu unterschätzen.

Anneliese Lehmann

Kapitel 1 - Krieg über Mönchengladbach

Heftig wurde an meinem Arm gerüttelt. Wach werden, aufstehen, komm, komm, schnell. Es ist wieder Fliegeralarm. Wir müssen in den Luftschutzkeller. Schnell, schnell. Dort kannst du weiterschlafen, sagte meine Mutter aufgeregt und holte mich aus dem Bett. Ich wollte aber nicht aufstehen, nicht aus meinem Bettchen. Dort war es so schön warm, und ich war doch noch sooo müde, denn es war ja mitten in der Nacht.

Komm schnell, schnell! Beeile dich, sagte sie zum wiederholten Male! Jetzt hörte ich auch die Sirenen. Ich hatte Angst, rasch stand ich auf, schlüpfte in meine Hausschuhe und nahm gleichzeitig meine Puppe aus dem Bettchen. Meine Mutter hing mir eine Decke um, griff nach einem kleinen Köfferchen, das sie mit in den Keller nahm. Dieses Köfferchen stand immer fertig gepackt in einem Schrank. Es enthielt die wichtigsten und wertvollsten Sachen, die wir besaßen (Geld, Schmuck und Ausweispapiere). Außerdem nahm meine Mutter immer Tee und etwas Essbares mit; denn man wusste nie, wie lange man im Luftschutzkeller bleiben musste. Vor der Kellertüre drängten die Leute aus dem Haus, denn jeder wollte als erster die Treppe hinunter gehen. Einige Hausbewohner waren schon im Luftschutzkeller. Hier unten standen:

eine Bank, mehrere Stühle, ein wackeliger Tisch und zwei übereinander gestellte Betten, die sogenannten Luftschutzbetten, mit Matratzen, die aus Strohsäcken bestanden.

Trotzdem war es schon fast gemütlich im Keller. Wir waren ja nicht das erste Mal hier unten, denn unsere Stadt Mönchengladbach war schon mehrmals Ziel von Luftangriffen. Das erste Mal wurden wir Ostern 1940 bombardiert. Damals fielen einige Bomben auf der Weststraße - ganz in unserer Nähe. Für die Bevölkerung war dies etwas Neues, etwas noch nie Dagewesenes und schlicht eine Sensation. Von der Neugier getrieben gingen viele zur Weststraße, um mit eigenen Augen zu sehen, was dort geschehen war. So ist es oft, wenn sich etwas Ungewöhnliches zum ersten Mal ereignet.

In einer Ecke unseres Luftschutzkellers stand eine Kiste mit einigen Kleidungssachen. Den Trainingsanzug, den ich aus der Kiste nahm, zog ich an. Auf einem der Stockbetten saß unten eine ältere Frau aus dem Haus. Ich kletterte mit meiner Puppe auf das obere Bett.

Das Bett konnte ich aber nicht für mich alleine beanspruchen. Ich musste es mit einem Mädchen, das ebenfalls in unserem Haus wohnte, teilen. Mein Schlaf war natürlich vorbei, denn ich war hellwach und hatte große Angst. Mittlerweile waren die restlichen Hausbewohner alle im Keller eingetroffen. Jeder hatte seinen festen Platz. Es war ein Fünffamilienhaus. Mein Vater und meine 16-jährige Schwester Ruth - acht Jahre älter als ich - kamen als letztes in den Keller. Dann fielen auch schon die ersten Bomben. Mein Vater war der einzige Mann zu dieser Zeit im Keller. Alle anderen Familienväter aus dem Haus waren als Soldaten im Krieg. Mein Vater war nur kurze Zeit bei der Wehrmacht. Er war bei der Kavallerie, also Soldaten auf Pferden.

Er wurde vorzeitig aus dem Militärdienst entlassen, da er kaputte und schlechte Füße hatte. Er musste orthopädische Schuhe tragen, die eigens für ihn angefertigt wurden. Das waren knöchelhohe Schnürschuhe mit Einlagen und speziellen Absätzen. Der eigentliche Grund für seine Dienst-untauglichkeit und die Entlassung waren aber seine Bronchien, denn er hatte chronisches Bronchialasthma. Allerdings war dies kein Grund nicht im Wehrbezirkskommando seinen Dienst (Volkssturm) zu tun; dazu waren gegen Ende des Krieges alle tauglich. Auch Frauen und Jugendliche.

Die Atmosphäre im Keller war bedrückend. Die Gesichter waren von Angst gezeichnet. Ein Gespräch kam kaum zustande. Manche beteten leise, nur wir Kinder wurden schon einmal etwas lebhafter, jedoch nur für kurze Zeit, dann wurden wir wieder zur Ruhe ermahnt. Die Unruhe und Sorge,

Haus auf der Kabelstraße

© Anneliese Lehmann

was über uns in der Wohnung, im Haus und auf der Straße geschah, ließ Vater immer wieder den Keller verlassen, um nachzusehen, wie groß die Bombardierung rund um unser Haus war. Dabei ging Vater auch einige Male auf den Speicher, um nach eventuellen Brandbomben, die dort liegen konnten, Ausschau zu halten. Wenn Brandbomben rechtzeitig entdeckt wurden, konnte man den größten Schaden abwenden. Kam er dann zurück, versuchte er uns alle zu beruhigen, er machte uns Mut und gab uns die Hoffnung, dass der Spuk bald vorbei sei. Nach mehreren Stunden war es dann endlich so weit. Sirenen heulten Entwarnung.

Der Luftschutzkeller konnte verlassen werden, alle waren wohlauf. Einige Hausbewohner umarmten sich; stille Zufriedenheit, dass man noch lebte. Was aber erwartete uns oben, was draußen? In der Luft lag ein verbrannter Duft. Im Treppenhaus lag Schutt, ganze Stücke Mörtel, die von der Decke gefallen waren. In unserer Wohnung waren die Fensterscheiben zersprungen. Einige Fensterrahmen waren sogar ganz aus der Verankerung gesprungen. Decken und Wände hatten Risse. Allgemeines Aufatmen, das nicht schlimmeres passiert war.

Kapitel 2 - Auswirkungen eines Angriffs

Die Bombardierung in unserem Wohngebiet war nicht so groß, wie in der Innenstadt. Dort gab es ganze Straßenzüge, in denen keine Häuser mehr standen. Mönchengladbach hatte sich in eine Trümmerwüste verwandelt. Obwohl wir mit heiler Haut davongekommen waren, hatte meine Mutter große Sorgen. Die Ungewissheit, ob ihre älteste Tochter Irmgard mit ihrem kleinen Sohn die fürchterliche Bombennacht gesund überlebt hatten, beunruhigte sie sehr.

Meine zwölf Jahre ältere Schwester war schon verheiratet. Sie wohnte mit ihrem elf Monate alten Sohn Erich bei ihrem Schwiegervater in dessen Haus auf der Benderstraße. Dies war ungefähr fünf Kilometer von uns entfernt. Der Mann meiner Schwester – mein Schwager Erich – war, wie alle jungen Männer, an der Front. Damals gab es noch kein Telefon für private Hausanschlüsse, um mal kurz anzurufen und sich zu erkundigen, wie es dort aussieht und ob alle leben, ob sie Hilfe brauchen oder ob was kaputt ist. Mein Vater wusste um die Sorge meiner Mutter, war er doch selbst besorgt. Daher machte er sich mit meiner Schwester Ruth auf den Weg, um nachzusehen, wie es seiner ältesten Tochter und seinem kleinen Enkel geht.

Die ersten Tage nach einem Bombenangriff war kein Schulunterricht, denn die Klassenräume dienten als Notunterkünfte für Obdachlose und Verletzte. So konnte ich meiner Mutter helfen die Glasscherben und Schutt zu entfernen. Später halfen wir bei unseren Nachbarn, bei denen noch mehr zerstört wurde als bei uns. Es war eine Zeit in der Jeder Jedem half. Die Zeit verflog und als wir das Gefühl hatten eine Pause machen zu müssen, war es schon später Nachmittag. Ein paar Wochen später wurde auch meine Schule Opfer von Brandbomben. Also gab es keinen Unterricht mehr.

Erneute Sorge beschlich meine Mutter. Vater und Ruth waren noch nicht zurückgekommen. Ob etwas passiert war? Mutter wurde sichtlich nervöser. Immer wieder sah sie auf die Uhr. Dann kam mein Vater endlich. Er kam aber alleine. Wieso nur? Es war ihm sofort anzusehen, dass irgendetwas nicht stimmte! Was war geschehen?

Vater, dem das Sprechen offensichtlich schwerfiel, setzte sich auf einen Stuhl und erzählte in groben Zügen was sich ereignet hatte. Da ein Großteil der Stadt in Schutt und Asche lag, war es sehr schwierig den direkten Weg zu meiner Schwester Irmgard zu gehen. Überall waren Ruinen, Steinmassen und brennende Häuser. Etliche Straßen konnten nicht mehr begangen werden, überall riesige Schutthaufen. Viele verletzte Menschen, die in den Trümmern lagen, weinten, schrien und um Hilfe baten. Hilfsorganisationen, Krankenschwestern, Sanitäter und Ärzte waren voll im Einsatz, um Verschüttete zu befreien, Verletzte zu versorgen und Tote zu bergen. Mein Vater und meine Schwester Ruth packten mit an und halfen so gut es ging. Die Arbeit war manchmal sehr schwierig, weil immer wieder Mauerreste einstürzten, manchmal sogar ganze Häuser. Rauch und brennende Teile erschwerten das Ganze zusätzlich. Mein Vater und meine Schwester mussten an einem ausgebrannten Haus vorbei. Während sie es passierten, stürzte plötzlich die Vorderseite des Hauses ein. Beide sprangen rasch zur Seite, aber meine Schwester kam nicht so schnell weg, stolperte und geriet mit dem rechten Bein unter die herabfallenden Steinmassen. Sie sah nur noch Sterne und verspürte starke Schmerzen in ihrem Bein; dann verlor sie das Bewusstsein. Vater, der mit dem Schrecken und ein paar Hautabschürfungen davon kam, kümmerte sich sofort um seine Tochter. Er versuchte ihr zu helfen, was gar nicht so einfach war. Er musste sich gewaltig anstrengen, um die Steine wegzuschaffen, damit er Ruth aus diesem Steinhaufen befreien konnte. Zwischendurch immer einen Blick auf die noch stehenden Mauerreste, die eventuell auch noch einstürzen konnten. Vater zog meine Schwester zur Seite, wo sie einigermaßen in Sicherheit lag, er sah sich ihr Bein an und leistete erste Hilfe. Das Bein meiner Schwester war total zerschmettert; der Fuß hing lose am Bein und blutete stark. Vater hatte das Bein - so wie man es im erste Hilfekursus lernt - abgebunden und Hilfe geholt. Auf der anderen Straßenseite stand ein LKW mit Schwerverletzten, die ins Krankenhaus gebracht werden sollten.

Gemeinsam mit einem Sanitäter legte Vater meine Schwester auf eine Leiter und brachte sie zum LKW, kletterte selber auf den Wagen und fuhr mit zum Krankenhaus. Er ließ seine Tochter keine Minute aus dem Auge. Das rechte Bein war so stark zertrümmert, dass den Ärzten nur die Möglichkeit blieb zu amputieren, und zwar bis übers Knie. So wurde ein junges Mädchen im Alter von 16 Jahren durch die Folgen des Krieges gezeichnet. Eine lebenslange Behinderung.

Kaum war er mit seinem Bericht fertig, da sprang er auch schon wieder auf, um sich nun zum zweiten Mal auf den Weg zur Benderstraße zu machen, wo meine Schwester Irmgard wohnte. Noch immer wussten wir ja nicht wie Irmgard mit ihrem Sohn Erich und dem Schwiegervater die Bombennacht überstanden hatte. Vater zog wieder los. Mutter und ich machten uns auf den Weg zum Krankenhaus. Wir wollten dort sein, wenn meine Schwester Ruth aus der Narkose erwachte. Irgendwie besaßen wir nur kein richtiges Zeitgefühl mehr. Denn das Warten am Krankenbett schien ewig anzudauern. Der Verzweiflung nahe, saß meine Mutter hilflos am Bett meiner Schwester. Tapfer kämpfte sie gegen ihre Tränen an; sie wollte nicht, dass meine Schwester Ruth bei ihrem Erwachen sah, dass ihre Mutter weinte. Inzwischen war Vater auch schon im Krankenhaus angekommen, mit dem Bericht, dass auf der Benderstraße, - Gott sei Dank - alles in Ordnung sei. Jetzt endlich erwachte meine Schwester Ruth langsam aus ihrer tiefen Bewusstlosigkeit. Es war ein großer Schock für sie. Die Umgebung war unbekannt für sie. Sie fragte unsicher: „Wo bin ich? Was ist geschehen? Und was ist mit meinem Bein passiert?" Sie fühlte, dass mit ihrem rechten Bein etwas nicht stimmte. Von der Narkose war sie noch ganz benommen. Sie schlug die Bettdecke hoch, wollte sich aufrichten, um nach ihrem Bein zu sehen. Sie sank aber zurück auf ihr Kopfkissen und schlief wieder ein. Nachdem meine Schwester wenig später ganz aus der Narkose aufgewacht war, versuchte Vater vorsichtig ihr die harte Wahrheit nahezubringen. Ich glaube, dass meine Schwester zu diesem Zeitpunkt gar nicht richtig begriffen hat, was eigentlich geschehen war und was es bedeutet, ein Bein zu verlieren und welche Probleme damit verbunden sind. Sie war ja noch so jung, gerade erst 16 Jahre alt. Wir blieben noch einige Zeit bei ihr, mussten dann aber wieder den Heimweg antreten, da es langsam dunkel wurde und mit weiteren Luftangriffen zu rechnen war. Dies ist einer der vielen Schicksalsschlägen und Folgen des Bombenangriffes vom Sonntag, den 10. September 1944.

Volksschule Dahlener Straße

Kapitel 3 - Ruth im Krankenhaus

Am 20. September 1944 war Mönchengladbach abermals Ziel der feindlichen Flieger, die wieder ihre tödliche Last über uns entluden. Somit verbrachte ich mit meinen Eltern und den Hausbewohnern eine weitere Nacht im Luftschutzkeller. Es war nicht angenehm mitten in der Nacht aus dem Schlaf geweckt zu werden, um in den Luftschutzkeller zu gehen. Das war jedoch nicht das Schlimmste, daran hatten wir uns ja schon gewöhnt. Viel schlimmer waren die Ungewissheit und die Angst, die uns keiner nehmen konnte, auch Vater nicht. Er begab sich immer wieder in Gefahr, verließ den Keller, um sich zu erkundigen, was oben geschah. Kam er zurück so versuchte er uns alle, so gut es ging, zu beruhigen. Zum Glück ging auch dieser Bombenangriff zu Ende. Es gab Entwarnung. Die Menschen kamen aus den Kellern; die Straßen füllten sich wieder mit Leben. Der Vergleich, dass unsere Stadt einer brennenden Müllhalde glich, war wohl zutreffend. Es sprach sich wie ein Lauffeuer herum, dass das Krankenhaus Bethesda, indem ja meine Schwester Ruth lag, bombardiert worden war. Sorgenvoll schwang sich mein Vater auf sein Fahrrad und fuhr zum Krankenhaus. Es herrschte dort ein großes Chaos, denn das Krankenhaus brannte lichterloh. Es herrschte ein emsiges Treiben. Wie Ameisen liefen

Helferinnen und Helfer in das Krankenhaus rein und raus, um die Kranken zu bergen. Die bettlägerigen Kranken wurden mit ihren Betten ins Freie gebracht. Dort stand Bett an Bett auf dem Bürgersteig. Vater suchte die Reihen nach meiner Schwester ab. Er fand sie und es ging ihr den Umständen entsprechend gut. Mit einem Blick sah er, wo noch Hilfe gebraucht wurde, und versuchte sofort er sich nützlich zu machen. Gegen Mittag kam er nach Hause. Vater und Mutter schmierten einen Stoß Butterbrote und brühten Kaffee auf. Keinen Bohnenkaffee, den gab es nicht. Man trank Malzkaffee; im Volksmund hieß er Muckefuck. Mit vollem Gepäck fuhr er wieder mit dem Fahrrad zum Krankenhaus. Ärzte und Schwestern arbeiteten mit leerem Magen und auch die Patienten waren noch nüchtern. Dankbar wurden die Brote und auch der Kaffee entgegengenommen. Mittlerweile waren einige Kranke in anderen Krankenhäusern der Umgebung untergebracht worden.

Als mein Vater auf die Stelle zusteuerte, wo meine Schwester gelegen hatte, war er erschrocken. Der Platz war leer. Wieso? Wo war sie? Keiner wusste es! Niemand konnte Auskunft geben. Es war ein heilloses Durcheinander.

Vater fuhr mit seinem Fahrrad, dem zuverlässigsten Verkehrsmittel der damaligen Zeit, zum nächsten Krankenhaus.

Er fragte viele Menschen und suchte, aber hier war meine Schwester auch nicht. Vater überlegte nicht lange, schwang sich wieder aufs Rad und radelte ab zur nächsten Klinik. Auf der Liste mit den Namen der Patienten, die in den letzten Stunden dort eingeliefert wurden, stand der Name meiner Schwester nicht drauf. In Viersen war auch ein Krankenhaus. Also fuhr Vater dorthin. Hier bekam er die Auskunft, dass meine Schwester in Süchteln untergebracht worden ist. Die Klinik in Süchteln kannten wir nicht als allgemeines Krankenhaus, sondern als Nervenheilanstalt. Vater war im ersten Moment schockiert, seine Tochter war in der „Klapsmühle"? Unvorstellbar. Andererseits war er froh, dass er wusste, wo sie war. Erneut schwang sich Vater aufs Fahrrad Richtung Süchteln. Auf der Liste der neu eingelieferten Patienten stand auch der Name meiner Schwester. Große Freude bei meinem Vater, dass er seine Tochter nach einer anstrengenden Fahrradtour gefunden hatte. Er versuchte meine Schwester, die weinend und völlig aufgelöst im Bett lag, zu beruhigen und zu trösten, und sie moralisch aufzubauen. Gegen Abend kam Vater dann endlich nach Hause und konnte Mutter und mir berichten, was sich am Tag abgespielt hatte. Meine Schwester in Süchteln zu besuchen war jedes Mal ein Abenteuer für sich. Fahrrad fahren konnten Mutter und ich nicht. Zu Fuß war der Weg zu weit. Mit öffentlichen Verkehrsmitteln war es jedes Mal eine Tagesreise. Mit zweimaligem Umsteigen fuhren wir, Mutter und ich, ein Viertel der Strecke mit der Straßenbahn; dann mussten wir ungefähr ein bis zwei Kilometer zu Fuß gehen, weil die Strecke von Sprengbomben zerstört war. Den Rest bis zur Endstation fuhren wir wieder mit der Straßenbahn. Die Klinik lag von der Endstation aber nochmals circa einen Kilometer entfernt an einem leichten Hügel, der mit Bäumen bewachsen war. Hinzu kam, dass es keinen genauen Fahrplan gab. Einige Male wurden die Fahrten ganz unterbrochen; weil Sirenen ertönten und wieder einen Luftangriff zu melden. Man musste dann so schnell es ging die Straßenbahn verlassen, um irgendwo einen Unterschlupf zu finden. Irgendwo suchte man einen Schutz unter Sträuchern oder Hecken oder man warf sich einfach flach aufs Feld. Die Tiefflieger flogen dann über uns hinweg. Wenn alles vorbei war und wir aufstehen konnten, zitterten uns die Knie vor Angst. Oft waren wir acht Stunden unterwegs, um eine Stunde bei meiner Schwester zu sein. Eines Tages kamen Mutter und ich wieder mal in der Klinik an, um meine Schwester zu besuchen. Aber das Bett war leer. Sie war nicht da. Meine Schwester hatte großes Heimweh und wollte unbedingt nach Hause, weil sie Angst hatte. Angst wegen der fremden Umgebung, Angst wegen der Luftangriffe, aber auch Angst, weil sie sich allein gelassen fühlte. Von ihrem Krankenzimmer aus sah meine Schwester durchs Fenster, dass auf dem Hof ein LKW stand. In dem Laster befand sich eine größere Lieferung Lebensmittel für das Krankenhaus. Meine Schwester bat den LKW-Fahrer sie mitzunehmen und nach Hause zu bringen. Zunächst hat der Fahrer energisch der Bitte widersprochen aber meine Schwester hat so lange gebettelt, bis der gute Mann eingewilligt hat und sie mitnahm. Ohne Genehmigung der Ärzte und Schwestern mit einem Paar Krücken des Krankenhauses hat sie die Klinik fluchtartig verlassen. An diesem Tag waren meine Mutter und ich auf dem Weg zur Klinik, um meine Schwester zu besuchen. Dass sie auf dem Weg nach Hause war, wussten wir noch nicht. Unsere Wege hatten sich gekreuzt. Für meine Mutter unvorstellbar, dass meine Schwester zu Hause sein sollte, die Amputation war erst vor vier Wochen durchgeführt worden.

Die Wunde war ja noch nicht verheilt und sie brauchte dringend weitere ärztliche Versorgung. Unser Hausarzt konnte oder wollte meine Schwester nicht weiter behandeln. So fuhr meine Mutter mit meiner Schwester jeden zweiten Tag in ein nahes gelegenes Krankenhaus, um die Wunde zu verbinden. Das hört sich so einfach an, war es aber ganz und gar nicht, oft mussten die Fahrten unterbrochen werden. Die Militärflugzeuge flogen auch am Tag über unsere Stadt, dann gingen die Sirenen. Der ganze Verkehr erlahmte und die Straßenbahnen blieben stehen, wo sie sich gerade befanden.

Jeder flüchtete irgendwo hin in einem Bunker oder ins erste beste Haus. In wenigen Minuten waren die Straßen menschenleer. An den meisten Häusern waren Zeichen angebracht, auf denen H.R. für hinten rechts oder V.L. für vorne linksstand. So konnte jeder Fremde den Luftschutzkeller finden. Im Krankenhaus musste man stundenlang warten, bis ein Arzt frei war. Da man auch im Krieg Ärzte braucht, die an der Front ihren Dienst taten, um verwundeten Soldaten zu helfen, waren die wenigen Ärzte in den Krankenhäusern total überlastet, denn es gab schlicht weg zu viele Verletzte.

Kriegsschäden Mönchengladbach

Kapitel 4 - Evakuierung

Von der damaligen Regierung wurde angeordnet, dass die Bevölkerung aus den dicht bevölkerten Industriegebieten, wie das Ruhrgebiet und das Rheinland aus Sicherheitsgründen evakuiert werden sollten. Sie sollten in Gebiete gebracht werden, die weniger dicht bevölkert waren, um dort ein vorübergehendes Zuhause zu finden, bis der Krieg zu Ende sei. Vorrang hatten Frauen mit Kindern, alte und kranke Menschen und obdachlose Familien, deren Wohnungen durch Bomben zerstört waren. Man kann sich wohl gut vorstellen, dass die Wartelisten lang waren. Die Transporte waren immer überfüllt. Eine damalige Lehrerin meiner Schwester Ruth war für die Zusammenstellung der Transporte in unserem Bezirk Speick verantwortlich. Da sie von dem Unglück meiner Schwester wusste und Mitleid wegen des verlorenen Beines für sie empfand, setzte sie uns an erste Stelle auf der Warteliste. Meine Mutter, meine Schwestern Ruth und Irmgard und ihr Baby und ich fuhren mit dem nächsten Transport, am 27.10.1944, in Richtung Mitteldeutschland.

Diese Gegend war bislang von Bombenangriffen verschont geblieben. Meine Mutter hoffte, dass meine Schwester Ruth hier die nötige Ruhe findet, sodass ihre Verletzung heilen kann und sie lernt mit ihrer Behinderung umzugehen.

Mein Vater wurde vom damaligen Ortsgruppenleiter als Transportbegleitung eingesetzt, so hatten wir Glück, dass Vater uns helfen konnte, wann immer es notwendig war.

Am Bahnhof war großes Gedränge. Alte und junge Frauen mit Kindern und jede Menge Gepäck. Der Zug war total überfüllt. Meine Schwester Irmgard hatte einen Fensterplatz erwischt; auf ihrem Schoß saß der kleine Erich. Ihr gegenüber auch am Fenster saßen meine Schwester Ruth, daneben meine Mutter und ich. Verpflegung hatten wir mitgenommen, die reichten aber nur für einen Tag. Dass die Fahrt länger dauern würde, hatten wir nicht ahnen können. Auf größeren Bahnhöfen gaben Rote-Kreuz-Helfer Suppen aus. Wenn man Glück hatte, bekam man etwas davon. Wenn klein Erich müde wurde, so war das Schlafen auf dem Schloss seiner Mutter für beide sehr unbequem. Not macht erfinderisch, sagt man so schön. Meine Mutter und meine Schwester Irmgard nahmen unser Gepäck aus dem Gepäcknetz, das über unseren Köpfen war und machten für Erich ein Bettchen daraus. Darin hat der kleine Kerl nachts und auch am Tag schlafen können. Nach zweitägiger Bahnfahrt erreichten wir am frühen Abend Magdeburg, es war schon dunkel. Wir waren überrascht, dass hier alles hell erleuchtet war, im Gegensatz zu Mönchengladbach. Zuhause brannten schon lange keine

Straßenlaternen mehr. Außerdem gab es die Vorschrift, dass die Bürgen darauf zu achten hatten, dass die Fenster verdunkelt waren. Wer sich nicht an diese Vorschrift hielt, musste mit einer Strafe rechnen. Magdeburg war Endstation. Von hier aus wurden die einzelnen Familien in die Dörfer der näheren Umgebung verteilt. Wir gehörten mit noch drei Familien aus Viersen und Rheydt zu den letzten, die aufgerufen wurden.

Kapitel 5 - Großammensleben

Großammensleben, so hieß der Ort, indem wir landeten. Warum der Ort Großammensleben hieß, war mir schleierhaft. Es war ein einfaches kleines Dorf, wie viele andere. Nach einer Verordnung mussten alle Hausbesitzer eine bestimmte Anzahl an Leute aufnehmen und entsprechenden Wohnraum zu Verfügung stellen. Wir wurden mehr schlecht als recht auf einem großen Gutshof untergebracht. Die Gutsherrin Frau Rieke, die uns also gezwungenermaßen aufnehmen musste, empfing uns sehr, sehr unfreundlich. Sie war eine herrische Person. Ihre Befehle und Anordnungen waren kalt und herzlos. Für sie waren wir Flüchtlinge und Bombenweiber, die als Menschen zweiter Klasse abgestempelt wurden. Sie befahl einer Küchenmagd, uns die vorgesehenen Zimmer zu zeigen. Am Ende eines langgestreckten Gebäudes gelangten wir durch einen separaten Hofeingang nach einem weiteren langen Gang in die Waschküche und dann durch den Trockenraum in das angrenzende Bügelzimmer. Dieser Bügelraum wurde uns als Wohnraum zugewiesen. Der zweite Raum, der als Schlafzimmer vorgesehen war, lag in der Mitte des Hauses auf der ersten Etage. Dieses Zimmer war mit einem Kleiderschrank, einer Kommode, einem Metallständer, in dem eine Waschschüssel hing, ein Kinderbett für Erich und drei

Bürger auf der Flucht

© Stadtarchiv Mönchengladbach

große Betten für meine beiden Schwestern und meine Mutter ausgestattet. Für mich war kein Bett vorhanden, ich musste mit Mutter in einem Bett schlafen. Deshalb war ich aber nicht traurig. Im Gegenteil, welches Kind schläft nicht gerne bei seiner Mutter? In unserer Wohnküche befand sich ein Eckschrank, ein Tisch, mehrere Stühle, eine Anrichte, einiges an Geschirr und ein kleiner runder Ofen, auf dem wir aber nicht kochen konnten, denn Gas beziehungsweise einen Elektroherd gab es nicht. In der Waschküche befand sich natürlich eine Wasserleitung. Aber nicht für uns. Die Wasserhähne waren mit einem Spezialschlüssel zugesperrt. Wasser zum Kochen und Waschen mussten wir am Brunnen auf dem Hof holen. Während der Zeit unseres Aufenthalts in Großammensleben war Vater in Mönchengladbach. Als Vater einmal bei uns war, hat er vom Schlüssel des Wasserhahnes einen Abdruck gemacht und später einen Nachschlüssel anfertigen lassen. Nun konnten wir den Wasserhahn ebenfalls benutzen und brauchten nicht den weiten Weg zum Brunnen zu gehen und die schweren Wassereimer zu schleppen. Einige Male hat Vater uns auf diese Art und Weise unsere Wassergefäße gefüllt. Der Nachteil bei der ganzen Sache war nur, dass Vater diese Aktion nur am Abend durchführen konnte. Leider war die Hektik des Tages abends vorbei und im Haus wurde es ruhiger. Man hörte vieles, was tagsüber nicht wahr zu nehmen war, so auch das Rauschen des Wassers in der Leitung. Dieses Rauschen hatte unsere Frau Rieke einmal gehört. Schnell hatte sie herausgefunden, dass dieses Rauschen aus der Waschküche kam. Damit war Vater natürlich aufgefallen und es gab einen Mordskrach wegen des gestohlenen Wassers. Irgendwann hatte sich Frau Rieke aber wieder eingekriegt.

Am dringlichsten brauchten wir jedoch einen Herd. Bei einem späteren Transport, den Vater begleitete, hat er unseren Herd von zuhause mitgebracht. Wie er das gemacht hat, weiß ich nicht, immerhin waren die Herde der damaligen Zeit ziemlich groß und schwer.

Ein weiteres großes Problem war für uns das Entrichten unserer Notdurft. Zur Toilette mussten wir durch den Trockenraum, die Waschküche, über einen langen Flur, an zwei Toiletten vorbei, über den Hof, wo ganz am Ende des Hofes ein Misthaufen war. Dort stand ein Holzhäuschen mit einem Donnerbalken. Wie fast alle diese Häuschen, so hatte auch dieses in der Türe als kleines Fenster ein Herz eingeschnitten. Warum eigentlich ein Herz, fragte ich mich oft. Verliebte schnitzen Herzen, zum Beispiel in Bäume. Kann man so ein Häuschen lieben? Ich habe es auf jeden Fall gehasst. Die beiden Toiletten auf dem Flur, an denen wir vorbeikamen, durften wir nicht benutzen. Sie waren immer abgeschlossen, nur das Dienstpersonal der Herrschaften hatte einen Schlüssel dafür. Die Herrschaften Rieke hatten ihr eigenes WC und auch ein Bad. Tagsüber zu diesem freistehenden Häuschen zu gehen, war noch zu ertragen. Bei Regen nahmen wir den Regenschirm in die eine Hand, in die andere das „Toilettenpapier". Richtiges Toilettenpapier gab es natürlich nicht. Wenn alte Zeitungen vorhanden waren, wurden diese zweckgerecht zugeschnitten und eine Kordel durchgezogen. So konnte man nach Bedarf davon abreißen. Alte Bücher eigneten sich besonders gut als Toilettenpapier. So war mancher Toilettengang ein gleichzeitiger Bildungsausflug. Nachts pinkelten wir in einen Eimer. Meine Schwester Ruth, die für kurze Zeit eine Hilfsprothese hatte, leerte an einem Morgen mit meiner Schwester Irmgard den Toiletteneimer aus, dabei sah sie ein Huhn auf dem Nest sitzen. Irgendwie haben die beiden es geschafft das Huhn in die Enge zu treiben und zu fangen. Ruth trat mit dem Holzbein auf das Huhn, schnell steckte sie es in den Eimer. Mutter hat das Huhn dann gut gereinigt, die Federn gerupft und ausgenommen, um eine Suppe zu kochen.

Unsere „Gutsherrin", diese Bezeichnung war für diese Frau alles andere als zutreffend, Hexe wäre wohl besser gewesen, denn sie fand immer eine Gelegenheit, um uns zu schikanieren. Sie machte sich oft in der Waschküche etwas zu schaffen, wobei sie uns belauschen konnte. So auch an diesem Morgen. Schnell hatte sie den Duft der Hühnersuppe wahrgenommen. Vielleicht waren meine beiden Schwestern aber auch von irgendjemand bei der Mordtat beobachtet worden, um es unserer Frau Rieke eiligst zu berichten. Mein kleiner Neffe hatte zugesehen, wie meine Mutter das Huhn gerupft hat. Als Frau Rieke plötzlich in unserem Zimmer stand lief Klein Erich, der sich mitteilen wollte, ganz aufgeregt zu ihr und rief: „Tierchen tot, Tierchen tot".

An folgende Begebenheit kann ich mich gut erinnern. In der schon erwähnten Waschküche stand einmal ein Sack mit Linsen. Vater nahm eine Schüssel davon weg, für ein gutes Linsengericht, so hoffte er. Das war Diebstahl ganz klar. Was macht man nicht alles, wenn Esswaren knapp sind, aber eine Familie ernährt werden muss. Meine Mutter holte beim Metzger ein paar Knochen, um sie in der Linsensuppe zu kochen. Die Suppe war fertig; es konnte gegessen werden. Nur aß keiner etwas davon. Warum nicht? In der Suppe schwammen jede Menge kleine Käfer. Es stellte sich heraus, dass der Sack mit Linsen an Hühner verfüttert werden sollte. Eine Hausangestellte hat uns dies hinterher erzählt, dass die Gutsherrin absichtlich den Sack dort hinstellen lassen hat, weil sie damit rechnete, dass wir von den Linsen nehmen würden.

Hochnäsig und arrogant kam Frau Rieke einmal zu Vater und bat ihn nach ihrem Radio zu sehen, das nicht mehr funktionierte. Das hat er auch gemacht. Am Radio war aber kein Fehler zu entdecken. Lediglich: eine Röhre war nicht ganz fest. Vater – das Schlitzohr – hat ihr eine neue Röhre in Rechnung gestellt und 20 Eier dazu. Bei jedem anderen hätte er die Arbeit umsonst verrichtet, aber bei Frau Rieke nicht. Das war eine kleine Gelegenheit sich zu rächen.

Da mein Vater nicht nur unseren, sondern auch andere Transporte begleitete, hatte er die Möglichkeit, uns dann immer für einige Tage zu besuchen und jedes Mal brachte er weitere Haushaltgegenstände mit. Mittlerweile hatten wir fast unseren ganzen Hausstand in Großammensleben. Trotzdem fühlten wir uns dort nicht wohl. Viele Schikanen und Demütigungen mussten wir ertragen.

Wie das Sprichwort sagt: man gewöhnt sich an alles und so war es auch. Jedenfalls versucht man es und passt sich an, so gut es geht. Meine Schwester Ruth fand in Großammensleben einen Arzt, der sie weiter behandelte. Der Stumpf war ja noch nicht verheilt. Es war eine offene Wunde, die ärztliche Versorgung brauchte. Im Ort wohnte ein junger Mann, der durch einen Unfall ebenfalls ein Bein verloren hatte. Von diesem jungen Mann bekam meine Schwester Ruth gute Tipps und Ratschläge. Beide verstanden sich gut und wurden Freunde. Vielleicht auch weil beide das gleiche schwere Los zu tragen hatten.

Ich besuchte in Großammensleben die Schule. Es war eine einfache Dorfschule. Drei Schuljahre wurden in einem Raum gleichzeitig unterrichtet. Zu den einheimischen Klassenkameraden fand ich aber keinen richtigen Kontakt. Ich war und blieb eine Fremde für sie.

Die Schule war in einem zweistöckigen Backsteinhaus untergebracht. Auf der rechten Seite waren die Schulklassen, auf der anderen Seite war die Gemeindeverwaltung. Dort gab es jeweils am ersten eines neuen Monats Lebensmittelkarten. Dann war da eine lange Reihe geduldig wartender Leute. Mutter schickte immer meine Schwester Ruth die Lebensmittelkarten zu holen. Sie wurde, weil sie ja auf Krücken kam, von den wartenden Leuten vorgelassen. Hinter diesem Gemeindeschulhaus war der Pausenhof. Von hier aus sah man die Dorfkirche und den Friedhof. Nachmittags machten meine Schwester Irmgard mit ihrem Sohn, meine Mutter und ich schon mal einige Spaziergänge, auch zum Friedhof. Auf dem Friedhof war eine Stelle, wo mehrere Gräber von einer

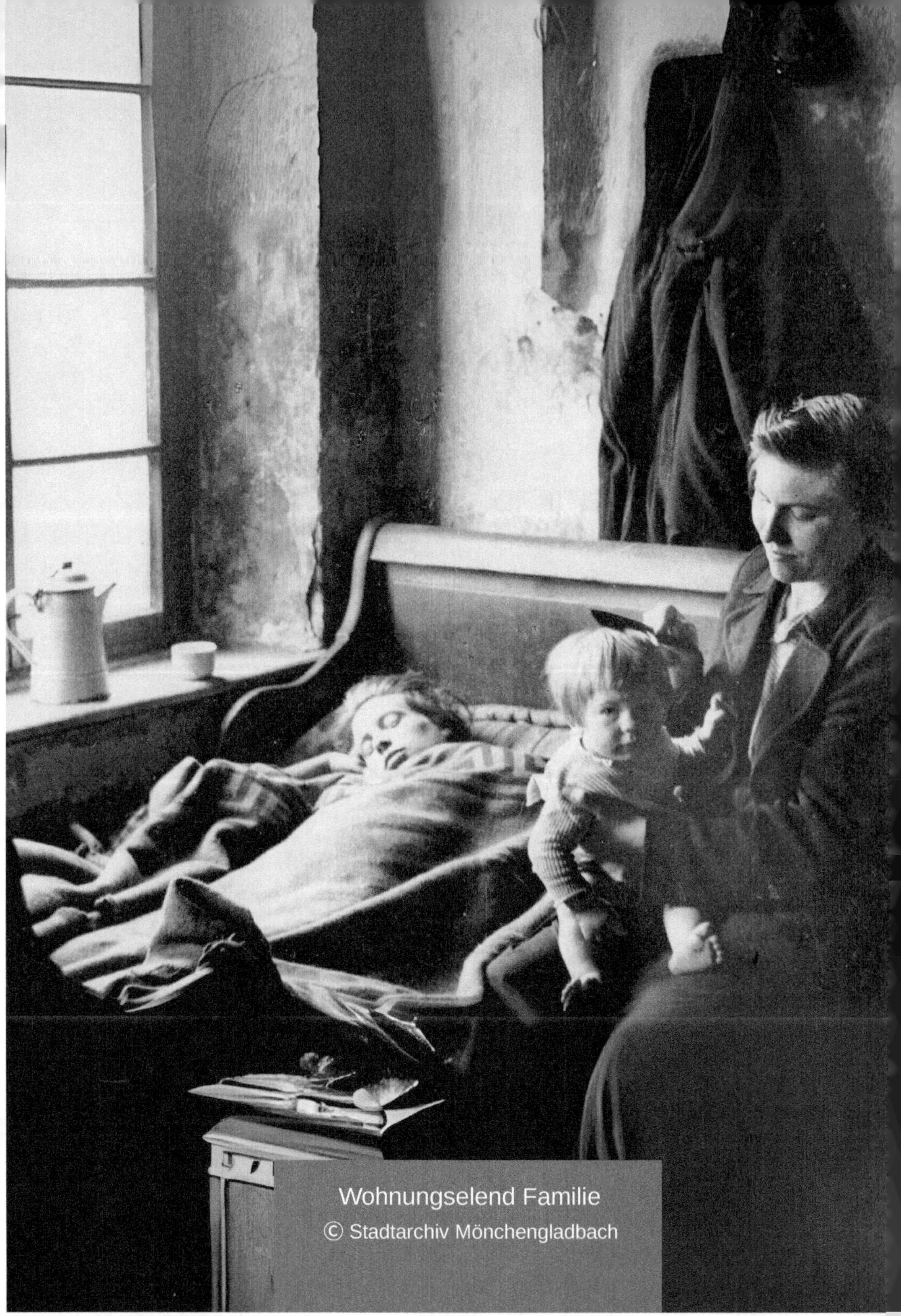

Wohnungselend Familie

anerkannten Familie aus dem Dorf lagen. Ich glaube, es war eine Arztfamilie und zwar alle mit dem Nachnamen Rabe. Die Stelle war so, dass die einzelnen Gräber in einem Halbkreis angeordnet waren. In der Mitte stand ein ca. 2 Meter hoher Gedenkstein. Darauf war ein schwarzer Rabe geprägt; darunter stand in Schreibschrift: „Hier ruhen die Raben". Das Ganze war von einer Hecke eingeschlossen. Das war schon ein sehr beeindruckendes Grab. Ein weiteres Ziel bei Spaziergängen war noch der Mittellandkanal. Andere Möglichkeiten einen Ausflug zumachen gab es kaum.

Einmal stand meine Mutter beim Bäcker in einer Reihe wartender Menschen, um Brot zu kaufen. Da erkannte sie eine Frau aus Mönchengladbach, die in unserer Nachbarschaft wohnte. Eigentlich eine fremde Frau. Man kannte sich nur vom Sehen und grüßte sich. Diese Frau stand am Ende der wartenden Schlange. Als sie nun ebenfalls Mutter sah, umarmten sich die Beiden als wären sie Geschwister. Beide hatten Tränen in den Augen vor Freude. Ein schönes Gefühl jemand aus der Heimat zu treffen und die Heimatsprache zu hören. Sie haben sich dann öfter gegenseitig besucht und es entstand eine Freundschaft daraus.

Es folgte dann ein langer harter Winter, den wir in Groß-ammensleben erlebten, geprägt von den Kriegsereignissen.

An den langen Abenden in der Adventszeit wurden einige Geschenke für Weihnachten hergestellt, denn zu kaufen gab es kaum etwas. Meine Geschwister und Mutter haben aus gebrauchten Zuckersäcken, die wir teilweise umsonst erwerben konnten, Pullover oder Westen gestrickt. Die Säcke wurden an den Seiten aufgetrennt, gewaschen und dann auf geriffelt. Von einem auf geriffelten Zuckersack bekam man gut eine Weste gestrickt. Es war ein mitteldicker eierschalen-farbiger Faden, der allerdings etwas kratzte. Meine Mutter hat mir aus einer Hitlerfahne ein Kleid genäht. In der Hitlerfahne war nur in der Mitte das Hakenkreuz, rundherum war genug roter Stoff und reichte für das Kleidchen. Ich weiß nicht was passiert wäre, wenn jemand erfahren hätte, woher der Stoff stammte. Meine Beschäftigung war auf der Strickliesel eine bunte Schnur zu stricken, aus der man dann kleine Taschen oder Untersetzer machen konnte.

Das folgende Weihnachtsfest war ein trostloses, trauriges Fest. Die Verbindung zur Heimat war abgebrochen. Post wurde keine mehr zugestellt. Telefon gab es nicht und es war auch eine traurige Zeit für meine Schwester Irmgard. Sie hatte keine einzige Nachricht von ihrem Mann. Die Ungewissheit, ob er noch lebt, kann einer jungen Frau schon Sorge bereiten. Klein Erich kannte seinen Vater nicht. Von einer besinnlichen Adventszeit konnte man nicht reden, wir hatten Angst und Sorgen. Am 15. Januar kam mein Vater wieder zu uns. Die Fahrten mit der Bahn waren länger geworden. Er war diesmal vier Tage unterwegs. Das gute an der Sache war, dass er nun ganz bei uns blieb. Der Bahnverkehr war zusammengebrochen. Es gab kein Zurück mehr und der 15. Januar war auch mein Geburtstag. Mein Vater gab mir etwas in Papier Eingepacktes. Ich dachte, es sei mein Geburtstagsgeschenk. Freudig packte ich es aus. Allerdings wurde ich sehr enttäuscht. Es war ein Stück Zitronat. Aber was sollte ich mit dem Zitronat? Er hatte nichts anderes; es gab einfach nichts mehr zu kaufen, woher er das Zitronat hatte, weiß ich nicht, sicherlich hätte er mir lieber etwas anderes geschenkt. Mutter hat dann Kuchen gebacken und das Zitronat verwendet. Vater ging zur Gemeindeverwaltung, um sich ordnungsgemäß anzumelden, das war Vorschrift und auch wichtig, damit er Lebensmittelkarten bekam.

Eine bekannte Redensart in der Winterzeit sagt: „das nächste Frühjahr kommt bestimmt“. Die ersten wärmenden Frühlingstage waren wohltuend für unsere Körper und Seele. Nie mehr habe ich so viele Maikäfer gesehen wie in diesem Jahr. In kleinen Kartons, in denen ich kleine Löcher gemacht hatte, sammelte ich die verschiedenen Maikäfer, um sie ein paar Tage später fliegen zu lassen.

Ende April, Anfang Mai gab es schon einige sehr schöne Tage. Es war so warm, dass man im Mittellandkanal schwimmen konnte, was natürlich herrlich war. In der Heimat war die Hölle los. Da wo wir jetzt wohnten, war es ruhiger, obwohl die nächstgelegene Großstadt Magdeburg auch nicht von Bomben verschont wurde. Wenn man aufmerksam das Kriegsgeschehen verfolgte, war es eigentlich klar, dass der Krieg bald ein Ende haben müsste.

In einem Lagerhaus in der Nähe des Bahnhofes waren Spirituosen und Tabakwaren deponiert. Irgendjemand, der davon wusste, hat das Lager aufgebrochen. Wie ein Lauffeuer sprach sich so etwas herum. Wer nur eben konnte, ging dahin und nahm mit was er tragen konnte. Vater war auch da, er hat unter anderem einen ganzen Ballen Tabak auf seinem Fahrrad nach Hause geschafft. Er war noch ein zweites Mal da und holte noch einen Ballen Tabak.

An einem schönen sonnigen Tag fuhr mein Vater, mit seinem Fahrrad am Mittellandkanal vorbei und sah ein deutsches Kriegsschiff dort vor Anker liegen. Das Schiff war ohne Besatzung, die hatte sich wohl schon aus dem Staub gemacht. Inoffiziell war der Krieg zu Ende. Es waren auch einige Leute aus dem Dorf da und Vater sah, dass diese Leute das Schiff plünderten. Mein Vater dachte, was die können, kannst ich auch. Er organisierte sich eine Handkarre und holte sich was eben zu haben war. Er kam mit einem gefüllten Wagen mit Allerlei nach Hause, schnell machten wir den Wagen leer. Dann fuhr er mit meiner Schwester Irmgard ein weiteres Mal zum Schiff. Dort waren in der Zwischenzeit weitere Dorfbewohner erschienen und ebenfalls keine Skrupel kannten und mitnahmen, was eben zu tragen war. Mein Vater und meine Schwester luden die Handkarre wieder voll und kamen damit nach Hause. Viele Dinge, auf die wir während der Kriegszeit verzichten mussten, waren dabei, unter anderem Dosen mit Marmelade, Zucker, Obst, Cornetbeaf, Fertiggerichte, einige Ballen guter dunkelblauer Marinestoff. All diese Sachen waren in diesen Zeiten normalerweise nur rationiert zu bekommen - wenn überhaupt – denn es gab Lebensmittelkarten. Für uns war an diesem Abend der Tisch reich gedeckt. Es war wie Weihnachten.

Am nächsten Tag ging der Amtsbote durchs Dorf. Das war ein Beamter, der mit einer großen Glocke in der Hand an bestimmten Stellen im Dorf amtliche Mitteilungen an die Bevölkerung übermittelte. Heute lautete die Mitteilung: alle, die in der Lagerhalle Ware entwendet haben, müssten diese umgehend auf dem Bürgermeisteramt abliefern, anderenfalls muss mit einer Strafe berechnet werden. Schweren Herzens, aber pflichtbewusst, fuhr Vater zur Sammelstelle, um seinen Ballen Tabak, eine Kiste Zigarren und eine Flasche Schnaps abzugeben. Was auch ordnungsgemäß notiert wurde. Auf dem Weg nach Hause hat er sich eins ins Fäustchen gelacht, denn gut versteckt hatte er ja noch den zweiten Ballen Tabak. Dieser Ballen Tabak war Gold wert, eine Handvoll Tabak hat oft Wunder bewirkt. Es war wie Gold. Tabak hat verhindert, dass wir hungern mussten.

An einem Nachmittag ging ich, nachdem ich meine Schulaufgaben gemacht hatte, mit noch zwei anderen Kindern zum Dorfplatz spielen. Um 17.00 Uhr sollte ich zu Hause sein. Auf dem Weg nach Hause hörten wir irgendwelche dröhnende Geräusche. Als wir auf die Dorfstraße kamen, rollten uns Panzer entgegen. Es waren amerikanische Soldaten, unter ihnen auch einige Dunkelhäutige. Vor lauter Angst blieb ich wie versteinert stehen. Panzer, Gewehre und schwarze Menschen – noch nie hatte ich so etwas gesehen. Die Soldaten gaben uns Schokolade und Kaugummi und wiesen uns an weiterzugehen. Verstehen konnten wir sie nicht. Schnell lief ich nach Hause. Was Schokolade ist, hatte ich schwach in Erinnerung. Aber Kaugummi, das war neu, damit wussten wir nichts anzufangen. Die Beschreibung in der Verpackung konnten wir nicht lesen, da wir kein Englisch konnten.

Beim Eintreffen der ersten Panzer hingen die Dorfbewohner weiße Fahnen aus ihren Fenstern. Ein Zeichen des Friedens beziehungsweise ein Zeichen, dass die einmarschierenden Soldaten mit keiner Gegenwehr rechnen mussten. Die Fahnen waren weiße Taschentücher, Tischtücher, Bettlaken oder ähnliches. Am Abend kamen vier amerikanische Soldaten mit Maschinengewehren ausgerüstet und besetzten das Haus, in dem wir wohnten. Sie durchsuchten alle Räume, Keller und Speicher. Mit vorgehaltenen Gewehren zwangen sie alle Leute die Treppe hoch zur ersten Etage. Von einer großen quadratischen Diele aus gelangte man in die einzelnen Zimmer. Hier oben befand sich auch unser Schlafzimmer. Alle Mieter, Flüchtlinge wie wir, das Personal, ja sogar unsere Gutsherrin wurden in ein Zimmer getrieben und die Türe wurde verschlossen. So geschah es, dass alle, Frau Rieke eingeschlossen, in unserem Schlafzimmer landeten. Sie hatte sich heftig gewehrt. Immer wieder wollte sie ihre Position als Herrin des Ganzen herausstellen. Doch die Soldaten hatten schnell erkannt, was für eine Person sie war. Wenn sie nur den Mund auf machen wollte, um etwas zu sagen, so richtete sofort einer der Soldaten das Gewehr gegen sie. Das Ergebnis war: in dieser Nacht war sie sehr freundlich und aufmerksam auch zu uns. Leider nur in dieser Nacht. Vater wurde nicht miteingeschlossen. Zwei Soldaten hielten auf dem Flur Wache. Den beiden anderen musste Vater zeigen, wo er wohnte. Unter Drohen mit dem Maschinengewehr musste Vater Kaffee kochen. Keiner verstand die Sprache des Anderen. Sie verständigten sich nur mit Handzeichen und Gebärden. Nach kurzer Zeit legte der Amerikaner seine Waffe weg. Er fühlte sich wohl sicher und glaubte nicht, dass Vater eine Gefahr für ihn war. Die vier Soldaten haben dann in der Nacht Wechselschicht gemacht. Immer zwei auf dem Flur und zwei bei Vater. Sie hatten Kaffee, Whisky, Zigaretten, Schokolade und Dosen mit Fertiggerichten dabei. Am nächsten Morgen wurden alle vier abkommandiert. Die übrig gebliebenen Sachen haben sie nicht mitgenommen.

Am nächsten Tag kamen amerikanische Soldaten in einem Jeep. Sie hielten auf dem Hof vor der Eingangstür zum Herrenhaus. Zwei Soldaten mit Gewehren gingen hinein und kamen mit Frau Rieke heraus. Sie wurde gezwungen einzusteigen. Der Jeep fuhr weg. Frau Rieke ist nie wieder zurückgekommen. Es hatte sich sehr schnell herumgesprochen, dass Frau Rieke nicht mehr da war, auch unter den polnischen Zwangsarbeitern. Es waren ungefähr zehn polnische Männer

MG Pesch, Lürriper Straße

war: in dieser Nacht war sie sehr freundlich und aufmerksam auch zu uns. Leider nur in dieser Nacht. Vater wurde nicht miteingeschlossen. Zwei Soldaten hielten auf dem Flur Wache. Den beiden anderen musste Vater zeigen, wo er wohnte. Unter Drohen mit dem Maschinengewehr musste Vater Kaffee kochen. Keiner verstand die Sprache des Anderen. Sie verständigten sich nur mit Handzeichen und Gebärden. Nach kurzer Zeit legte der Amerikaner seine Waffe weg. Er fühlte sich wohl sicher und glaubte nicht, dass Vater eine Gefahr für ihn war. Die vier Soldaten haben dann in der Nacht Wechselschicht gemacht. Immer zwei auf dem Flur und zwei bei Vater. Sie hatten Kaffee, Whisky, Zigaretten, Schokolade und Dosen mit Fertiggerichten dabei. Am nächsten Morgen wurden alle vier abkommandiert. Die übrig gebliebenen Sachen haben sie nicht mitgenommen.

Am nächsten Tag kamen amerikanische Soldaten in einem Jeep. Sie hielten auf dem Hof vor der Eingangstür zum Herrenhaus. Zwei Soldaten mit Gewehren gingen hinein und kamen mit Frau Rieke heraus. Sie wurde gezwungen einzusteigen. Der Jeep fuhr weg. Frau Rieke ist nie wieder zurückgekommen. Es hatte sich sehr schnell herumgesprochen, dass Frau Rieke nicht mehr da war, auch unter den polnischen Zwangsarbeitern. Es waren ungefähr zehn polnische Männer und Frauen, die unter den schlechtesten Bedingungen in den letzten Kriegsjahren auf dem Gutshof arbeiten mussten. Sie arbeiteten vom frühen Morgen bis zum späten Abend. Ihr Essen, das sie bekamen, war schlecht und nicht ausreichend. Sie wohnten in einer alten Stallung. Oft hat meine Mutter von dem Wenigen was wir hatten den Polen noch etwas abgegeben, auch warme Kleidungsstücke für den Winter. Weihnachten haben wir ein kleines Päckchen zusammen gestellt mit Gebasteltem und Plätzchen. Dies war eigentlich nicht erlaubt. Wäre Mutter dabei erwischt worden, dass sie den Polen, also den Zwangsarbeiter, etwas zugesteckt hat, hätte sie mit einer Anzeige rechnen müssen. Die Übergabe von Sachen geschah so, dass Mutter altes Papier zusammendrückte und etwas hineinlegte. Diese Hilfen wurden immer an anderen Stellen abgelegt, mal unter Grasbüschel, unter Heu oder hinter dem Stall. Durch Handzeichen, kurze Wortwechsel beim aneinander vorbeigehen zeigte oder sagte Mutter, wo etwas zu suchen und zu finden war.

Nun waren die Polen wieder frei und wollten in ihre Heimat zurückkehren. Da sie in den letzten Jahren in großer Armut gelebt hatten, bot sich ihnen nun die Gelegenheit, da Frau Rieke nicht mehr da war, das Haus durchstöbern und alles an sich zu nehmen, was ihnen brauchbar erschien. Da unser

Schlafzimmer separat von unserem Wohnraum sich auf der ersten Etage befand, haben sie auch dort nach Brauchbarem gesucht. Wie sich später herausstellte, wussten sie nicht, dass es sich um unser Schlafzimmer handelte. Als meine Mutter am Abend bemerkte – uns fehlen auch Sachen – war sie traurig und konnte es nicht verstehen, dass die Polen auch uns bestohlen hatten, wo doch Mutter immer so gut zu ihnen war. Nachdem Mutter mit ihnen gesprochen hatte, haben wir alle unsere Sachen zurückbekommen. Wenn wir gewollt hätten, noch mehr von ihrer Beute dazu. Immer wieder haben sie sich entschuldigt und Mutter noch weitere Sachen gezeigt immer mit der Frage „hier – gucken – dein zu? – haben wollen?“

Kapitel 6 - Kriegsende

Endlich, jetzt war es amtlich, fast sechs Jahre Krieg waren am 8. Mai 1945 zu Ende, Deutschland hatte kapituliert. Was machten die Siegermächte nun mit Deutschland? Was sollte mit unserem Vaterland nun geschehen? Häuser, Fabriken, ja ganze Städte waren zerstört. Not und Leid und Tausende Tote gab es. Es verbreitete sich das Gerücht, dass Deutschland in vier Teile aufgeteilt werden sollte. Der Ostteil in der wir lebten sollte den Russen zugesprochen werden. Es wurden wahre Horrorgeschichten erzählt, was alles geschehen würde, wenn die Russen Ostdeutschland besetzen würden.

Bei meinem Vater hatte sich mittlerweile nur noch ein Gedanke festgesetzt: „Wir müssen nach Hause". Zuhause war Mönchengladbach am linken Niederrhein, der an die Engländer fallen sollte. Aber wie fragten wir uns alle? Züge fuhren keine! Gibt es noch eine andere Möglichkeit? Tag und Nacht hat er darüber nachgedacht, wie man am besten wieder nach Mönchengladbach kommen könnte. Leicht wird es bestimmt nicht werden, immerhin waren wir sechs Personen einschließlich eines 19 Monate alten Kindes und fast unser gesamter Hausrat, also der Herd, die Nähmaschine, unsere Federbetten und vieles weiteres. Auch wussten wir nicht, was uns in der Heimat erwartete. Wie stark war

Mönchengladbach zerstört? Steht unser Haus noch? Können wir dort wieder wohnen? Alles Fragen auf die wir keine Antwort hatten. Post hatten wir schon lange nicht mehr von zuhause bekommen. In der ersten Zeit, die wir in Großammensleben waren, hatte meine Schwester noch mit ihrem Schwiegervater Briefkontakt. Von meinem Schwager hatten wir noch immer keine Nachricht. Meine Schwester wusste nicht, wo er war. An welcher Front kämpfte er? Ob er überhaupt noch lebte? Umgekehrt wusste mein Schwager nicht, dass seine Frau und sein Sohn in Großammensleben lebten.

Vater, Mutter und meine beiden älteren Schwester überlegten gemeinsam, wie es weiter gehen sollte. Das Ergebnis war einstimmig: Wir wollen wieder nach Mönchengladbach - nur war noch nicht ganz klar wie.

Mich hat natürlich keiner gefragt; ich war noch zu klein. Hätte man mich gefragt, so wäre auch meine Antwort gewesen, dass wir sofort nach Hause gehen. Es dauerte allerdings noch einige Wochen. Also wurde beschlossen nach Hause zu fahren, denn wir wollten keine Flüchtlinge mehr sein. Schluss mit den vielen Schikanen und Demütigungen. Wir mussten aber noch mal Flüchtlinge werden, ja sogar wie Vagabunden durchs Land ziehen, um in unsere Heimat zu kommen. Die Frage, wie wir nach Hause kommen, stellten wir uns immer wieder. Mein Vater, ein interessierter Mann, der sich auch gut mit Leuten unterhalten konnte und auch keine Scheu hatte jemand anzusprechen, kam mit einem Bauern aus dem Nachbarort ins Gespräch. Aus diesem Gespräch wurde ein Tauschgeschäft entwickelt, für zwei Kilo Tabak und zwei Ballen Stoff bekam mein Vater ein Pferd außerdem einen alten Milchwagen mit Gummibereifung. Für Tabak konnte man nämlich fast alles bekommen. Vater war der Gedanke gekommen mit einem Pferdegespann die Heimreise anzutreten. Mit Pferden umgehen, das konnte Vater, er war ja nicht umsonst eine Zeit bei der Kavallerie gewesen. Von dem Kauf des Pferdes wussten wir nichts, auch Mutter nicht. Das konnte sie auch nicht, weil das Ganze mit dem Kauf von Pferd und Wagen sehr schnell zustande kam. Vater blieb keine Zeit zum langen Überlegen. Er musste die Gelegenheit beim Schopf packen. Das Pferd, Lotte hieß es, durfte bis zum Abreisetag beim Bauer bleiben. Damit mein Vater und das Pferd ein vertrautes Verhältnis zueinander bekamen, ist er mehrmals zum Bauer gefahren, hat das Pferd gefüttert und gebürstet. Vater, der uns überraschen wollte, holte an einem Sonntag das Pferd, lieh sich vom Bauern eine Kutsche und kam zu uns. Nicht nur wir staunten, als eine Pferdekutsche vor unserem Fenster stand und Vater uns klarmachte, dass das unser Pferd wäre. Alle kamen aus unserem Haus, entweder aus Neugier oder aus Neid und wollten wissen, ob das tatsächlich unser Pferd sei. Vater ließ uns alle einsteigen. Es wurde ein schöner unvergesslicher Ausflug. Nun konnte der Plan nach Hause zu fahren reifen. Es gab kein anderes Gespräch mehr als über die Fahrt nach Hause. Das Ganze musste ja auch gründlich vorbereitet werden.

Winterkleidung gegen Kartoffeln

Kapitel 7 - Fahrendes Volk

Am 11. Juni 1945, zufällig der Geburtstag meines Vaters, sollte der Start beginnen. Das Wetter war gut, die Sonne schien und es war warm. Vater holte beim Bauer unser Pferd mit dem Wagen ab. Mittlerweile hatte es sich im Ort herumgesprochen, dass wir nach Hause fahren wollten. Viele sahen uns beim Beladen des Wagens zu. Einige unserer Landsleute, die in der gleichen Lage wie wir waren, beneideten uns und wollten sogar mit uns ziehen. Andere dagegen bedauerten uns, das war jedoch die Mehrheit. Deren Meinung war: Die kommen nie in Mönchengladbach an. Ob wir es schaffen würden, wussten wir zu diesem Zeitpunkt ja selber nicht, aber wir hatten beschlossen es zu versuchen. Von einigen bekamen wir auch gute Ratschläge.

Es waren unruhige Zeiten. Viele Flüchtlinge, entflohene Soldaten, Polen und Russen waren unterwegs in Zivilkleidern. Jeder versuchte auf irgendeine Weise seine Heimat zu erreichen. Jeder musste sich schlecht und recht durchschlagen. Es war ein Kampf ums Überleben. Essen und Getränke waren knapp. Es wurde alles getan, um sich selbst einen Vorteil zu verschaffen: geraubt, gemordet und vergewaltigt.

Nach acht Monaten Aufenthalt in Großammensleben brachen wir in Richtung Mönchengladbach auf. Der Wagen war voll beladen. Auf dem Kutschbock saßen meine Schwester Ruth und mein Vater. Die hintere Klappe des Wagens war nach unten gekippt und an der Seite mit Seilen befestigt, damit sie nicht ganz runterfällt und wir darauf sitzen konnten, wie auf einer Bank. Mutter hatte eine Decke daraufgelegt. Dies war nun der Platz von Mutter, meinem kleinen Neffen Erich und mir. Wir saßen also mit dem Rücken zum Wagen und unsere Beine baumelten runter. Das Ganze war nicht besonders gemütlich, aber es ging. Später hat Vater uns aus einem Seil Schlaufen gemacht und diese am Wagen angebracht, dass wir unsere Füße einhängen konnten. Das war angenehmer. Für meine Schwester Irmgard war kein Platz mehr auf dem Wagen. Sie fuhr mit dem Herrenfahrrad meines Vaters daneben. Abschied nehmen ist meistens etwas Bedrückendes. Bei uns war das nicht der Fall. Wir fühlten Angst, Sorge, Erleichterung, Erwartung und Hoffnung - es waren gemischte Gefühle, die uns bewegten.

Das erste Mal sollte in Helmstedt übernachtet werden. Wir hatten erfahren, dass dort ein Sammellager war, wo Obdachlose schlafen konnten. Es war in einer Schule. Jeder bekam eine Decke, eine Matratze und etwas zu essen. Wir suchten uns eine Ecke aus und richteten unser Nachtquartier ein. In diesem Raum war es sehr unruhig. Ungefähr 50 Personen waren dort untergebracht, meistens Frauen und Kinder. Meine Schwester Ruth, die sich einen Darmvirus eingehandelt hatte, musste dauernd zur Toilette rennen, richtiger gesagt: auf Krücken humpeln. Meine Schwester Irmgard versuchte ihren kleinen Sohn zu beruhigen, er wollte nicht schlafen und weinte nur. Ich kuschelte mich an meine Mutter. Mein Vater war nicht bei uns. Er konnte Pferd und Wagen mit unseren Habseligkeiten nicht allein lassen.

Am kommenden Tag brachen wir zeitig auf. Die Nachtruhe war nicht besonders gut; auch wollten wir unbedingt weiter. Leider kamen wir nicht sehr weit. Unser Wagen hatte ja Gummibereifung und aus einem Rad entwich Luft. Bei näherer Kontrolle stellte Vater fest, dass nicht nur ein Loch im Reifen war, sondern dass das ganze Profil vom Reifen fast ganz abgefahren war.

Vater hatte vergessen dieses wichtige Detail beim Kauf des Wagens zu kontrollieren und er musste feststellen, dass wir mit diesem Wagen nicht mehr weiterfahren konnten. Mit mehrmaligem Aufpumpen des Rades kamen wir mit Ach und Krach bis zum nächsten Dorf. Am Dorfanfang ließ Vater uns allein und fuhr mit dem Fahrrad ins Dorf. Es vergingen einige Stunden, bis er wieder zurückkam. Wir sahen, dass hinter ihm ein Pferdekarren kam, was ja eigentlich nichts zu bedeuten hatte. Umso mehr wunderten wir uns als dieses Gefährt bei uns anhielt und Vater uns erklärte, dass das unser neuer Wagen sei. Es war eine Art Heuwagen mit vier großen Holzrädern. Wie hatte Vater das wieder geschafft? Wir, die wir zurückgeblieben waren, hatten schon die Hoffnung aufgegeben, jemals in Mönchengladbach anzukommen. Wir sahen uns schon mit Sack und Pack zurückmarschieren. Was wäre das für eine Blamage gewesen. Mein Vater war in die Dorfkneipe gegangen und bei einem Gespräch mit dem Wirt und mit einigen Bauern, denen er unsere Lage schilderte, bat er um Hilfe. Wie der Zufall nun so manchmal spielt, war da ein Bauer der einen Wagen mit Gummibereifung gebrauchen konnte, und zwar als Milchwagen. Das Loch, aus welchem die Luft entwichen war, ließ sich ohne große Probleme flicken. Das schlechte Profil auf den Reifen störte ihn nicht, denn er brauchte keine allzu großen Strecken zu fahren. Der Wagen des Bauern, der große Holzräder hatte, war als Milchwagen ungeeignet, weil er auf den grobgepflasterten Straßen des Dorfes zu sehr schaukelte. Mein Vater gab ihm noch etwas Tabak und der Tausch war perfekt. Außerdem konnten wir in der kommenden Nacht in der Scheune des Bauern übernachten, denn es war in der Zwischenzeit schon früher

Nachmittag geworden und wir mussten ja auch noch den Wagen umladen.

Am nächsten Morgen ging es schon in aller Frühe los. Der Wagen, den wir nun hatten, rappelte mächtig und schüttelte uns kräftig durch. Auch für unser Pferd Lotte war es eine Umstellung. Es war für Lotte wesentlich anstrengender und aus diesem Grunde ging auch alles viel langsamer. Vater beschloss unsere Fahrtroute zu ändern. Seine Überlegung war: nicht über die Landstraßen zu fahren, die oft schlecht und uneben waren, sondern einfach über die Autobahn. Heute unvorstellbar! Ein Vergleich zum Verkehr auf den heutigen Autobahnen ist natürlich auch nicht möglich und ein Befahren der Autobahn mit Pferd und Wagen ist heute strikt verboten. Überhaupt kann man unsere heute schön ausgebauten Autobahnen nicht mit denen von damals vergleichen. Die Fahrbahnen bestanden aus gegossenen Betonplatten. Die Ansatzstellen waren deutlich zu spüren, der Wagen machte jedes Mal hopp. Heute gibt es in den neuen Bundesländern noch einige solcher Autobahnstrecken mit Betonplatten. Es ging also immer hopp hopp hopp. Aber wir kamen weiter. Das war wichtig. An diesem Abend wurde nicht nach einer Unterkunft Ausschau gehalten. Die verlorene Zeit wollten wir, solange es noch hell war, aufholen und fuhren wir weiter. Klein Erich bekam zwischen meiner Mutter und mir auf der heruntergelassenen Klappe, auf der wir saßen, eine Schlafstätte hergerichtet. Als es dunkel war, machten wir am Waldrand Rast und so gut es ging ein Nickerchen.

Bei aufgehender Sonne fuhren wir dann weiter. Was an Autos auf der Autobahn fuhr, waren amerikanische Militärfahrzeuge. Die Soldaten sahen uns sehr verwundert an. Wir haben beobachtet, dass wir einmal gefilmt wurden. Wenn Zivilleute auf uns zukamen - sie kamen meistens aus den angrenzenden Wäldern - brach bei Vater und Mutter Panik aus. Man hatte uns ja vor Landstreichern, Vagabunden und fahrendem Volk gewarnt. Aber waren wir nicht selbst welche? Man merkte, dass die meisten, die auf uns zukamen, genauso viel Angst hatten wie wir. Oft wollten sie nur eine Auskunft oder etwas zu essen. Gegen Abend verließen wir die Autobahn, um im nächsten Dorf eine Unterkunft zu suchen. Der erste Bauer, den mein Vater um eine Herberge bat, drehte sich wortlos um und schloss die Türe hinter sich zu. Also, ein klares „Nein“. Beim zweiten Versuch brauchte mein Vater erst gar nicht zu fragen, die Türe wurde schon vorher abgeschlossen. Man hatte uns wohl schon gesehen und für fahrendes Volk gehalten. Daraufhin schnappte mein Vater sich das Fahrrad - ließ uns beim Wagen zurück - und fuhr ins Dorf.

Hier hatte er die Möglichkeit Leute anzusprechen. Vater, ein fremder Mann in einer Dorfkneipe, machte die Leute natürlich neugierig. Einem Bauer, dem er unsere Lage geschildert hatte, gewährte uns eine Unterkunft in seiner Scheune. Auch wirkte eine Handvoll Tabak immer wieder Wunder. So verbrachten wir diese Nacht im weichen Stroh.

Irgendwie konnte man die Bauern verstehen, dass sie uns misstrauisch betrachteten, sich umdrehten, weggingen und alle Türen zuschlossen. Die Leute waren verängstigt. Es geschah so viel Schreckliches in dieser Zeit. So wie wir uns auf den Weg gemacht haben, um nach Hause zu kommen, haben es viele, viele andere auch gemacht. Alle hatten Angst in die Hände der russischen Streitkräfte zu fallen. Auch wollten die verheirateten Frauen zu Hause sein, wenn ihre Männer aus dem Krieg kamen. Die Männer wussten nicht wo ihre Frauen und Kinder waren und umgekehrt auch nicht. Bei manch einem Kriegsgefangenen hat es jedoch oft noch Jahre gedauert, bis er entlassen wurde. Denen die sich aufmachten war klar, dass es nicht einfach sein würde, dass viele Mühen und Strapazen auf sie zukämen. Doch sie waren bereit es auf sich zu nehmen, wenn sie dafür die Heimat erreichten. Die meisten heimkehrenden Flüchtlinge hatten es wirklich sehr schwer. Der größte Teil waren Mütter mit ihren Kindern. Ihr Hab und

Kriegsende, Lüpertzender Straße

Gut auf einem Karren hinter sich ziehend oder nur mit einem Rucksack oder Koffer unterwegs. Wir konnten uns trotz allem Elend glücklich schätzen. Wir hatten unseren Vater bei uns. Außerdem ein schönes Pferdegespann, unseren ganzen Hausrat, genügend zu essen und was besonders wichtig war, den von allem begehrten Tabak.

Das frühe Abfahren am Morgen war eigentlich ganz gut. Die Sonne stand noch nicht so hoch am Himmel und die Temperaturen waren angenehm. Mittags, wenn es so richtig heiß wurde, machten wir eine längere Pause. Wichtig war auch, dass unser Pferd eine Pause bekam. So wurde Lotte ausgespannt. Sie konnte sich nun frei bewegen und am Wegrand grasen. Nach der Mittagspause wurden im Durchschnitt noch drei bis vier Stunden gefahren, dann musste wieder ein Quartier gesucht werden. An diesem Abend hatten wir Glück. Mit einer Bäuerin, die gerade Kühe von der Weide in den Stall trieb, kamen wir ins Gespräch. Sie sah meinen kleinen Neffen und fand ihn so knuffig. Klein Erich, der süße Fratz von 18 Monaten, der für unser Glück sorgte. Er konnte schon laufen und versuchte sich in seiner Kindersprache zu verständigen. Die Bäuerin hatte selbst zwei kleine Kinder. Von unserem Schicksal sehr gerührt bot sie uns freiwillig eine Unterkunft an. Im Gesindehaus war noch eine Kammer frei. So schliefen wir nach fünf Tagen wieder in Betten, und Lotte durfte auf die Koppel. Der Bauer und die Bäuerin waren freundliche Leute und sie erlaubten uns eine zweite Nacht zu bleiben. Einen Tag Erholung tat uns allen gut. Mutter machte sich in der Küche etwas nützlich. Meine Schwester Irmgard und ich übernahmen die Aufsicht der Kinder. Vater ging mit Bauer und Knecht ins Heu. Am Abend wurde das Abendbrot gemeinsam mit Bauer, Bäuerin, Knechten und Mägden eingenommen. Wir saßen alle an einem großen Tisch. Es war richtig schön.

Wir hatten erst 150 km hinter uns. Wir waren zufrieden, hatten teils aber immer noch Sorgen. Es waren noch etliche Kilometer zu bewältigen. Leute, die – wie bisher - sich an Waldrändern aufhielten, wurden weniger je mehr wir westlich fuhren. Oft fuhren wir stundenlang, ohne jemanden zu sehen. Ein großes Problem, dass sich an jedem Abend erneut auftat, war: Wir brauchten eine Unterkunft für die Nacht. Auch heute hatten wir wieder Schwierigkeiten ein geeignetes Quartier zu finden. Es war ein Sonntag. Die Dorfstraßen waren menschenleer. Wahrscheinlich genossen die meisten im kühlen Schatten ihres Gartens den Sonntag. Nach einigen Absagen fand Vater doch einen Bauern der bereit war uns einen Schuppen zur Verfügung zu stellen, in dem wir übernachten konnten. Es war eine große Scheune, in der einige Gartengeräte und Saatgut standen. Es war jedoch genug Platz vorhanden, sodass wir unseren Wagen hineinschieben konnten. In einer Ecke lag Stroh. Hier bereitete Mutter uns so gut es ging mit Decken eine Schlafstätte. Unser Pferd hatte Vater an einen Pfahl festgebunden. Ich glaube, dass mein Vater die ganze Zeit, in der wir unterwegs waren, nie richtig geschlafen hat. Es hat ihn die Sorge um seine Familie, das Pferd und auch unseren Wagen mit unseren Habseligkeiten wachsam bleiben lassen. So wurde er auch in dieser Nacht von einem Geräusch geweckt. Beim Nachsehen stellte er fest, dass sich unsere Lotte losgerissen hatte. Sie war am anderen Ende der Scheune, wo einige Futtersäcke standen. Dort hatte sie sich an einen Hafersack drangemacht. Es war unser Glück und es war auch das Glück unserer lieben Lotte, dass Vater es gemerkt hatte. Ich meine gehört zu haben, dass ein Pferd krepieren kann, wenn es zu viel Hafer frisst. Lotte hatte schon ziemlich viel davon gefressen. Was hätten wir nur ohne unser bestes Stück, die Lotte, gemacht?

Heute Morgen galten alle Aufmerksamkeiten unserer guten Lotte. Wie verhält sie sich? Wie ist ihr der Hafer bekommen? Ist sie in der Lage unseren Wagen zu ziehen? Auf jeden Fall starteten wir, wie an allen anderen Tagen, morgens los.

Man wird schon sehen, wie es weiter geht. Irgendwie musste es ja weiter gehen. Bis Mittag ging es ganz gut. Landschaftlich war es eine sehr schöne Strecke. Wenn wir von der Autobahn auf Nebenstraßen auswichen zum Beispiel, wenn gegen Abend Schlafstätten gesucht werden mussten, dann waren die alleenartigen Straßen mit den großen alten Bäumen besonders schön, obwohl die Fahrbahndecken oft schlecht waren. Sie waren grob gepflastert und in der Mitte viel höher als an den Rändern, so dass man das Gefühl hatte jeden Augenblick umzukippen. Es war Pause angesagt, Mittagszeit auch für Lotte. Vater führte sie auf eine Wiese, da konnte sie sich frei bewegen und machen, was sie wollte. Wir ließen uns ebenfalls auf der Wiese nieder. Es wurde ein Butterbrot gegessen, etwas getrunken und das war alles. Vater machte ein Nickerchen. Erich pflückte auf der Wiese Blümchen. Kurz bevor es weiter gehen sollte, sahen wir plötzlich, wie sich unsere Lotte auf dem Rücken liegend, alle Viere nach oben gestreckt auf dem Rasen wälzte. Uns blieb fast der Atem stehen, keiner sagte etwas, alle Blicke waren nur auf unsere Lotte gerichtet. Sie wälzte sich noch einige Male hin und her, stand auf und kam langsam auf uns zu. Automatisch ging Vater ebenfalls auf sie zu streichelte sie und sprach ihr gut zu. Vater nahm Lotte beim Halfter, spannte sie an und weiter ging es.

Mit Lotte haben wir keine Schwierigkeiten gehabt. Unser Nachtlager war in dieser Nacht abermals eine Scheune mit duftendem Heu.

Der Aufbruch an diesem Tag war wie immer. Am Brunnen wurde sich gewaschen. Brot, Milch und Butter bekamen wir vom Bauer entweder geschenkt oder wir gaben als Gegenwert von unseren Vorräten beispielsweise vom Wundermittel Tabak ab. Nachdem Mutter und ich auf dem Wagen Platz genommen hatten, kam klein Erich zwischen uns mit dem Kopf auf Mutters Schoß, da konnte er weiterschlafen. Nach seinem Erwachen waren seine ersten Worte Buttalada (Butterbrot mit Marmelade). So ging unsere Reise immer weiter, die halbe Strecke lag hinter uns, die gleiche Strecke aber auch noch vor uns. Die Heimat war noch in weiter Ferne. Der Ort, in dem wir heute übernachteten war Bückeburg. Ein hübscher Ort. Einige Frauen, die wir sahen, trugen ihre heimatlichen Trachten. Sie wirkten auf mich wie Märchenfiguren. Heute war das Glück uns wieder einmal hold. Freundliche Leute boten uns zwei Zimmer zum Übernachten an, die wir dankbar annahmen. Es waren zwar Speicherkammern, aber mit richtigen Betten. Lotte kam in einen Pferdestall zu den anderen Pferden. Unser Wagen konnte in einem Schuppen untergestellt werden.

Nach einem herzlichen Abschied von unseren freundlichen Gastgebern ging unsere abenteuerliche Fahrt weiter. Es war ein besonders schöner Tag. Alles verlief wunderbar und glatt. Wir kamen an diesem Morgen ein ganz schönes Stück weiter und unserer Heimat näher. Nach der Mittagspause fuhren wir nochmals viele Kilometer, um dann nach einer Nachtbleibe Ausschau zu halten.

Der nächste Ort, den wir nun erreichten, war Bielefeld. Also, kein Dorf mehr, sondern schon eine ziemlich große Stadt. Wo kann man in einer solchen Stadt übernachten, fragten wir uns. Als einzelne Person wäre dies kein Problem, aber mit fünf Personen und einem ganzen Fuhrwerk ist es schon schwieriger. In einem Vorort von Bielefeld wollten wir unser Glück versuchen und uns ein Nachtquartier suchen. Wir waren schon so weit, dass die Straßenbahnschienen in Richtung Bielefeld anfingen. Auf der rechten Seite lag ein Bauernhof, den wir schon von weitem gesehen hatten und den wollte Vater ansteuern. Vater fuhr von der Straßenmitte rüber zur rechten Straßenseite, um dann einige Meter weiter rechts in den Feldweg einzubiegen. Doch dann gab es plötzlich einen lauten Knall und alle schrien auf. Was war geschehen? Mutter, Erich und ich wurden zur Seite geschleudert. Ich fiel dabei vom Wagen und landete auf dem Boden. Dabei hatte ich zum

Glück keine großen Verletzungen erlitten. Nur einige Kratzer an den Beinen. Vater war mit den Rädern unseres Wagens genau in die Straßenbahnschienen geraten, beim Versuch den Wagen wieder auszulenken, brach ein Rad kaputt. Der Wagen krachte zusammen und unser ganzes Gepäck lag auf der Straße. Das war vielleicht ein Schock. Da standen wir nun total hilflos und wussten nicht, was wir machen sollten. Nun hatten wir einen kaputten Wagen und auf der Straße lagen zerstreut unsere Sachen. Guter Rat war teuer. Am Scheunentor des Bauernhofes, zu dem wir ja hinfahren wollten, hatten sich vier bis fünf Leute eingefunden, die in unsere Richtung sahen. Schaulustige? Zum Glück nicht, denn zwei davon kamen auf uns zu und sahen sich das Chaos an. Sie überlegten kurz und boten uns ihre Hilfe an. Die beiden gingen zurück und kamen mit einem leeren Heuwagen zurück. Beide packten tüchtig an und luden mit Vater gemeinsam den Wagen um und fuhren den neu beladenen Wagen in die Scheune. Dann kamen sie mit noch einem dritten Mann zurück. Einer der Männer spannte Lotte aus und führte sie auf eine Weide. Die anderen Männer, Vater und auch Schwester Irmgard schoben den Wagen hinunter zu diesem Bauernhaus. Meine Mutter mit klein Erich auf dem Arm, meine Schwester Ruth auf ihren Krücken und ich zottelten hinterher. Eine Frau –

wahrscheinlich die Bäuerin - kam uns entgegen. Sie begrüßte uns recht freundlich. Die Bäuerin nahm uns mit in ihre Küche. Sie brühte Kaffee auf, gab uns Kindern Limonade und versuchte uns erst einmal zu beruhigen. Mutter war fix und fertig und mit den Nerven am Ende. Vater war bei den Männern, die ihm am Wagen geholfen hatte. Die Bäuerin hatte noch einige Arbeiten im Stall zu verrichten. Ihr Töchterchen und ich durften mitgehen. Es war alles so interessant für mich und neu auch beim Melken der Kühe zu zusehen. Klein Erich war ebenfalls hellauf begeistert, wenn er hinter den Hühnern herlief, um sie zu fangen oder die neu geborenen Kätzchen streicheln durfte. Am Abend richtete die Bäuerin das Abendbrot, Mutter half ihr dabei. Beide waren sich auf Anhieb sympathisch und verstanden sich gut. Beim Abendessen gab es vieles zu erzählen und zu besprechen. Dann bekamen wir unsere Schlafstätte zugewiesen. Da ich mich mit der kleinen Tochter, die genau wie ich Anneliese hieß und auch gleich alt war, angefreundet hatte, durfte ich bei ihr schlafen. Mutter, meine beiden Schwestern und klein Erich wurden in einem Gästezimmer untergebracht. Für Erich hatte die Bäuerin sich die Mühe gemacht und ein Kinderbettchen vom Speicher geholt, sauber gemacht und aufgestellt. Damit waren wir wieder einmal für eine Nacht untergebracht. Wiederum stellte sich die Frage, wie es am nächsten Morgen weiter geht, schließlich war unser Wagen kaputt.

So hatten wir nun den 11. Tag erreicht. Da dieser Tag ein heißer Tag zu werden schien, durften meine neu gewonnene Freundin Anneliese mit noch einigen anderen Mädchen schwimmen gehen - ins Johannis-Freibad. Sie nahmen mich natürlich mit. Es war ein schöner Tag für mich, den ich bis heute nicht vergessen habe.

Mit dem provisorisch hergerichteten Wagen fuhr mein Vater und meine Schwester Irmgard zu einem Stellmacher, um den Wagen reparieren zu lassen. Vater hatte den Weg zum Stellmacher von einem Knecht, der auf dem Bauernhof arbeitete, erklärt bekommen. Nur irgendwie haben die Beiden, mein Vater und meine Schwester, sich wohl verfahren. Die einfachste und einzige Möglichkeit, die dann übrigblieb, war Passanten nach dem richtigen Weg zu fragen. Dies machten sie dann auch.

Dabei bekamen sie die unterschiedlichsten Auskünfte. Ein älterer Herr, der bei Vater den Eindruck erweckte, ortskundig zu sein, beschrieb ihm eine Abkürzung. Die Straße an einem Bach besser gesagt an einem kleinen Fluss vorbei. Dann sollten sie links über die nächste Brücke fahren und gleich rechts sei die Werkstatt des Stellmachers. Die Straße war gut zu

Mönchengladbach Abteiberg

befahren und bald war auch die Brücke zu sehen. Bei der Brücke angekommen hielt Vater erst einmal an, bevor er auf die Brücke zuging, um den Fluss zu überqueren. Das, was der alte Herr Brücke genannt hatte, war einmal eine Brücke. Diese hier, die jetzt übers Wasser führte, war eine Behelfsbrücke, die aus Holzbrettern zusammengezimmert war. Einige Bretter schienen morsch zu sein. Für Fußgänger sicherlich kein Problem überqueren. Aber mit einem Pferd und einem Wagen? Vater traute sich nicht so recht über die Brücke zu fahren, es schien ein großes Risiko zu sein. Er musste aber das Risiko eingehen. Was blieb ihm anderes übrig, denn er wollte zum Stellmacher kommen. Er hatte keine andere Wahl. Meine Schwester überquerte die Brücke zu Fuß. Vater ging ebenfalls zu Fuß. Er ging neben unserer braven Lotte und lenkte sie vorsichtig über die morschen Bretter, hinter ihm der lädierte Wagen. Als die andere Uferseite war fast erreicht war, gab es einen riesigen Krach und ein jämmerliches Wiehern. Das, was zu befürchten war, war geschehen. Kreidebleich stand Vater da. Er sah, dass ein zerbrochenes Brett der Brücke ins Wasser gefallen war. Auf einem modrigen Brett war Lotte ausgerutscht, hatte dabei mit einem Huf ein Brett durchgetreten und hing nun zwischen Himmel und Erde. Zwei Beine auf der Brücke zwei Beine in einem Loch.

Das arme Pferd zappelte und wimmerte ganz fürchterlich. Vater war entsetzt und wusste zunächst nicht, was er machen sollte. Meine Schwester war den Tränen nah. Es musste schnell etwas geschehen, irgendwie musste Lotte geholfen werden. Sie wurde immer unruhiger. Nachdem sich meine Schwester etwas gefangen hatte, versuchte sie das Pferd zu beruhigen. Vater nahm sein Taschenmesser und schnitt das Zaumzeug durch, wobei er sich in seiner Aufregung in den Daumen schnitt. Der Daumen blutete sehr stark und musste verbunden werden. Aber womit? Im Wagen war kein Erste-Hilfe-Kasten, so wie es heute Pflicht ist, dass in jedem Fahrzeug sich ein solcher befindet. Also wurde von dem Hemd meines Vaters ein Stück abgerissen und damit der Daumen verbunden. Jetzt war Lotte wieder an der Reihe. Vater befreite Lotte von dem Gespann, so dass sie frei war. In der Zwischenzeit waren Männer gekommen. Sie waren bereit zu helfen, aber nur wenn sie dafür Zigaretten bekämen. Geld zu haben war uninteressant. Geld hatte keinen Wert. Man konnte nichts damit anfangen. Es gab ja nichts zu kaufen. Was zählte waren materielle Werte: Essbares, Spirituosen, Tabakwaren usw. Vater versprach ihnen Tabak, das wurde auch akzeptiert. Mit vereinten Kräften versuchte man das zappelnde Pferd auf seine vier Beine zu stellen. Das Ganze musste ja sehr vorsichtig gemacht werden. Es bestand ja immerhin die Gefahr, dass die Brücke vollständig einstürzte. Wir hatten Glück im Unglück! Ohne weitere Zwischenfälle wurde das andere Ufer erreicht. Die Männer schoben den Wagen noch bis zum Stellmacher, bekamen ihren Lohn und verschwanden. Spät am Abend kamen Vater und Schwester Irmgard zurück. Sie waren völlig erschöpft. Die Strapazen des Tages waren ihnen noch deutlich anzusehen. Der Lotte geht es wieder gut und sie hat sich von dem Schrecken erholt; der Wagen ist ganz, besser noch als vorher. Die Heilung des Daumens von meinem Vater - hat allerdings noch einige Wochen gedauert. Wir blieben noch einen Tag und eine Nacht länger bei den Bauersleuten, der Wagen wurde beladen und dann setzten wir unsere Reise fort.

Der Abschied fiel mir besonders schwer, denn ich hatte doch eine neue Freundin gefunden.

Die Entfernung zu unserem Ziel wurde immer kürzer, aber auch schwieriger. Ein Problem war immer wieder das Übernachten. Es war nicht einfach eine Scheune oder einen Schuppen zu finden, wo wir schlafen konnten. In Dortmund wohnten Verwandte von uns. Eine Cousine meiner Mutter mit ihrer Familie. Das war noch einmal eine Möglichkeit zu übernachten. Aber wohnten unsere Verwandten noch in ihrem Haus oder war es zerstört wie viele andere Häuser? Waren sie überhaupt zuhause? Oder waren sie auch evakuiert, vielleicht auch Opfer des Krieges geworden? Das waren zunächst alles unbeantwortete Fragen. In dieser Zeit war ja alles möglich. Wir hatten über ein Jahr nichts voneinander gehört. Postzustellungen gab es zum Ende der Kriegszeit nicht mehr. Als wir bei ihnen ankamen, waren wir überglücklich, das unsere Verwandten den Krieg heil überlebt hatten. Sie wohnten noch in ihrem Haus. Es war allerdings sehr stark beschädigt, aber bewohnbar. Es war eine herzliche Begrüßung mit unseren Verwandten, wusste man nun voneinander, dass wir gemeinsam den Krieg überlebt hatten, und dass die Schrecken des Krieges vorbei sind. Wir schliefen die Nacht bei Ihnen – außer Vater. Er konnte unseren Wagen doch nicht einfach auf der Straße stehen lassen. Da wäre wohl am nächsten Morgen nichts mehr drauf gewesen. Die ganze Nachbarschaft wurde befragt, ob jemand einen Tipp für uns hat, wo wir den Wagen unterstellen könnten. Vater bekam dann von einem Mann ein Angebot, gegen Tabak - ist ja klar. So kam er mit unserem Wagen und Lotte in einer Fabrikhalle unter. In dieser Halle hausten noch einige anderen Menschen. Diese Nacht war wohl für meinen Vater die gefährlichste, weil einige versucht haben ihn zu berauben.

Freude und Sorge sind wohl immer nah beieinander. Wenn ein Hindernis überwunden ist, steht man auch schon vor dem Nächsten. So war bei der Weiterfahrt am nächsten Morgen unsere Sorge. Wie kommen wir über den Rhein? Wir wussten, dass fast alle Brücken über den Rhein in den letzten Kriegstagen noch zerstört wurden. Über den Rhein mussten wir aber, denn auf der linken Rheinseite war unser Heimatort. Uns war zu Ohren gekommen, dass in Rheinhausen eine Behelfsbrücke über den Rhein führen solle. Aber nicht jeder durfte hinüber; man musste eine besondere Genehmigung haben. Mit der Hoffnung, dass es irgendwie immer weiter geht, steuerten wir Rheinhausen an. Hier standen am Rheinufer einige Zelte und Baracken, in denen Menschen untergebracht waren. Vater zog los, um an einigen Stellen Informationen zu sammeln. Es hieß, wer auf die andere Rheinseite will, muss sich auswiesen, muss entlaust und entnazifiziert sein. Somit verbrachten wir diese Nacht im Freien. Es war eine laue Sommernacht. Das war ja sowieso unser großes Glück, dass wir während der ganzen Zeit, die wir unterwegs waren, herrliches Sommerwetter und keinen Regen hatten. Da wir in dieser Nacht sowieso nicht viel geschlafen hatten und früh wach waren, reihten wir uns in die lange Schlange der wartenden Menschen ein, um die Formalitäten über uns ergehen zu lassen. Fast glücklich standen wir gegen Mittag an der Behelfsbrücke, die über den Rhein führte, über den guten alten Vater Rhein. Wir brauchten den Fluss nur noch zu überqueren. Dann hatten wir es geschafft und es dürfte ja eigentlich nichts mehr schiefgehen. Drüben auf der anderen Seite des Rheins, da wären wir so gut wie zu Hause. Mit einer Behelfsbrücke hatte mein Vater und meine Schwester Irmgard schon einmal schlechte Erfahrung gemacht. Würde es diesmal gut gehen? Meine Schwester Ruth auf dem Kutschbock sitzend, Mutter, Erich und ich wie immer hinten auf der herabgelassenen Klappe. Vater und meine Schwester Irmgard gehen neben dem Wagen. Luft anhalten und rüber. Es muss sein, aber langsam. Doch wir schafften es.

Am linken Rheinufer stehend waren alle Strapazen der letzten 14 Tage vergessen, wir hatten das Gefühl zu Hause zu sein, frei zu sein, keine Unterdrückung, keine Schikane, keine Flüchtlinge mehr zu sein, obwohl wir noch ungefähr 40 Kilometer hinter uns bringen mussten. Noch einmal haben wir bei einem Bauern in der Scheune übernachtet. Dann kam der letzte Tag. Heute mussten wir es schaffen unser Ziel zu erreichen. Kurz nach Mittag waren wir in Schiefbahn - fast in Mönchengladbach. Ein LKW fuhr an uns vorbei, hielt aber einige Meter weiter an. Der Fahrer hatte uns - wie schon viele vorher - neugierig angesehen, dann hatte er Vater erkannt. Die beiden waren ehemalige Arbeitskameraden. Die Freude war groß, endlich wieder bekannte Leute zu treffen und die Heimatsprache zu hören: Gladbacher Platt. Von diesem Kameraden erfuhren wir, dass der Bezirk, in dem unsere Wohnung ist, von der amerikanischen Streitmacht besetzt ist und für zivile Leute unzugänglich sei. Die Benderstraße sei dagegen frei. Vaters Kumpel bot uns an Mutter, meine Schwestern, Erich und mich mit seinem LKW nach Hause zu fahren und Vater solle mit dem Wagen nachkommen. Dieses Angebot wurde dankend abgelehnt. Mutter sagte: 14 Tage lang haben wir gemeinsam durchgehalten, den Rest schaffen wir auch noch, wir bleiben bis zum Schluss zusammen, wir lassen unseren Vater nicht alleine.

Da wir nun von Vaters Kumpel wussten, dass wir nicht zu unserer Wohnung konnten, steuerten wir die Benderstraße an. Auf der Benderstraße angekommen, öffnete der Schwiegervater meiner Schwester uns die Türe. Er kam aus dem Staunen nicht heraus. Glücklich umarmte er Schwiegertochter und Enkel. Auch wir anderen wurden freundlich aufgenommen. Wir wohnten dann noch einige Wochen gemeinsam mit meiner Schwester Irmgard, ihrem Sohn und Schwiegervater auf der Benderstraße, bis unsere Wohnung und das

Wohngebiet wieder für die Bürger freigegeben war. Wir konnten dann wieder in unsere Wohnung einziehen.

Kapitel 8 - Lotte

Unsere liebe Lotte hat Vater schweren Herzens an einen Bauern in Hehn verkauft. Von Zeit zu Zeit besuchte er sie dort. Der Bauer kannte sich mit Pferden bestens aus. Lotte hatte auf ihrem Hinterteil einen Stempel, ein sogenanntes Brandmal. Was dieses Zeichen zu bedeuten hatte, wusste Vater nicht. Von diesem Bauern hat Vater noch vieles über Pferde gelernt. Er sagte uns, dass an dem Stempel zu erkennen sei, dass Lotte aus einem guten Stall mit Stammbaum kam. Sie sei ein Reitpferd, so erklärte der Bauer meinem Vater oder eine gute Zuchtstute und war auf keinen Fall geeignet einen schweren Karren zu ziehen, wie sie es in den letzten 14 Tagen gemacht hatte. Sie hatte ihre Arbeit bestens getan. Selbst bei dem Sturz auf der Brücke war sie tapfer und mutig. Der Bauer jedenfalls war stolz nun so ein gutes Pferd sein Eigen zu nennen. Bei ihm brauchte sie keine schweren Arbeiten zu verrichten. Ein Jahr später hat sie ein gesundes Fohlen zur Welt gebracht. Von Zeit zu Zeit hat Vater Lotte besucht. Ich habe sie nicht mehr gesehen. Manchmal denke ich an Lotte und an diese Fahrt. Es war ja auch ein außergewöhnliches Erlebnis.

Nicht alle Menschen sind gleich. Auch die Fähigkeiten etwas zu tun, zu denken usw. sind nicht bei allen gleich. Einer hat zum Beispiel ein gutes Personengedächtnis, ein anderer einen ausgeprägten Orientierungssinn.

Bei mir ist wohl mein Erinnerungsvermögen gut ausgeprägt. Ich kann mich an viele Begebenheiten erinnern, die Zurückreichen in die Zeit meiner Kindheit. Besonders gut sind bei mir die Erlebnisse wach geblieben, die ich in Großammensleben, einem kleinen Ort in der Nähe von Magdeburg, und auf der späteren Rückfahrt nach Mönchengladbach erlebt habe.

Schwarzmarkt am Hauptbahnhof

Kapitel 9 - Nachkriegswirren

Da im Krieg viele Häuser zerstört wurden, war die Wohnungsnot groß. So kam es oft vor, dass Wohnungen die leer standen, weil die Besitzer beispielsweise evakuiert waren, von Fremden bewohnt wurden. So war es auch bei uns. Als wir von Groß Ammensleben zurückkamen und in unsere Wohnung wollten, stellten wir fest: es war zwar keiner da, aber es müssen fremde Menschen in der Wohnung leben. Am Abend kam ein Ehepaar, mittleren Alters, die in ihre (unsere) Wohnung wollten. Nachdem sich meine Mutter als rechtmäßige Mieterin der Wohnung ausgewiesen hatte, nahmen die Beiden ihre persönlichen Sachen, die meine Mutter schon in einem Karton zusammengestellt hatte und verließen kommentarlos die Wohnung. Es gab auch Leute, die nicht weg waren, die in Mönchengladbach geblieben sind. Einige bereicherten sich mit Sachen aus alleinstehenden Wohnungen. So hat meine Mutter einige Gegenstände in Wohnungen unserer Nachbarn wiedererkannt, die uns gehörten. Peinlich für den Nachbarn. Der Krieg war vorbei und Deutschland lag in Schutt und Asche. Wie sagt man so schön: Unkraut vergeht nicht. Aus den Ruinen und auf den Schutthaufen blühte das Unkraut. Was darüber hinaus noch blühte war der Schwarzmarkt. Es wurde gehudelt und getruffelt (getauscht) was nicht

Niet und Nagelfest war. Ein beliebtes Tauschobjekt war Tabak. Davon hatten wir immer noch reichlich. Den ganzen Ballen Tabak den Vater von Groß Ammensleben mitgebracht hatte. Der Rest, der von dem Ballen Tabak noch übrig war, hat uns geholfen, sodass wir die schlechte Nachkriegszeit nicht zu hungern brauchten. Eine Handvoll Tabak und Mutter bekam dafür ein Brot von unserem Bäcker. Amerikanische Zigaretten wurden auf dem Schwarzmarkt unter der Hand für 15 Reichsmark verkauft. Dem entsprechend kaufte man sie nur einzeln. Begehrt waren sie bei den Bauern in unserer näheren Umgebung. Da gab es in jedem Fall etwas Essbares zu holen, etwas Speck, Mehl, Eier, Kartoffeln, Obst oder Gemüse. Natürlich wollten sie einen Gegenwert dafür haben. Kein Geld, das hatte immer noch keinen Wert; nach Tabak wurde immer gefragt. Vater hat auch mit Wolle getauscht. In einer leerstehenden Wollfabrik organisierte er Spulen mit Wolle. Rohmaterial das als Faden auf den Spulen war, zwar nur ein ganz dünner Faden, aber es hat sich gelohnt. Wenn die Fäden von mehreren Spulen zusammengewickelt wurden, konnte man damit stricken. Mein Vater hat auf einem Brett Nägel eingeschlagen die Spulen daraufgesetzt; so konnte er problemlos schöne gleichmäßige Knäuel wickeln. Er hatte dafür ein besonderes Geschick. Diese Wolle kam bei den

Bauern gut an für Pullover oder Jacken zu stricken. Aber Vater war ein kleiner Halunke. Er nahm ein Stück Papier ballte es zusammen und wickelte die Wolle darauf. Zu diesem Bauern durfte er kein zweites Mal kommen. Wir haben auch mit dem Garn gestrickt; da dieses Garn nicht ausgerüstet war, konnte es passieren das das gestrickte Teil schief wurde (rechts und links Drehung des Fadens). Bei farbigem Material konnte es vorkommen, dass das Teil beim Tragen in der Sonne ausbleichte.

In der Nähe von Bielefeld – auf einem Dorf – wohnte ein bekanntes Ehepaar meiner Eltern. Der Mann ging Tag für Tag über Land; er tat bei den Bauern auf Mitleid, er habe eine kranke Frau und bettelte um Eier. Mein Vater fuhr alle vier Wochen zu diesem Ehepaar und holte die erbettelten Eier. Es waren meistens so um die 30 bis 40 Stück. Kein Mensch hat damals nach dem Haltbarkeitsdatum gefragt. Es bestand also Salmonellengefahr. Einmal brachte mein Vater ein kleines Ferkel mit nach Hause, dass noch lebte. Wir wohnten auf der dritten Etage; wohin sollten wir mit dem niedlichen Schweinchen?

Unsere einzige Möglichkeit war im Keller die leerstehende Kartoffelkiste. Nach zwei Wochen war das Ferkelchen leider wieder weg. Vater hat es gegen etwas anderes getauscht.

Mit einigen Pfund Tabak fuhr mein Vater und mein Schwager in Richtung Norden. In Esterwege bei Papenburg wohnte ein Bruder meines Vaters mit seiner Familie. Getauscht wurde hier Tabak gegen Hülsenfrüchte (Erbsen, Bohnen). Wie bekommt man nun die vollgefüllten Säcke nach Hause? Oft brauchte man ein bisschen Glück. Ein Viehtransporter fuhr zufällig nach Mönchengladbach zum Schlachthof. Der Fahrer war bereit - gegen Tabak natürlich – meinen Schwager mit den Säcken mitzunehmen. Mein Schwager hat während der ganzen Strecke zwischen den Viechern auf dem Transporter gestanden. Er hat uns oft genug erzählt, wie furchtbar das war. Vater fuhr mit dem Zug nach Hause. Bei einer anderen Tour hat Vater eine Seite fetten Speck erstanden, dies band er sich auf den Nackten Leib. um sie im Ruhrgebiet gegen einen Koffer mit Briketts zu tauschen. Damit hatten wir dann einige Abende eine warme Wohnung. Man muss sich daran erinnern, dass die Züge mehr wie überfüllt waren; die Menschen hingen in offenen Fenstern und auf den Trittbrettern und teilweise sogar auf den Dächern. Damals gab es noch keine Oberleitung, also Strom bei den Zügen. An den Bahnhöfen wurden immer wieder Kontrollen gemacht, denn der Schwarzmarkt war verboten. So konnte es passieren, dass man in eine Razzia geriet und alles mühsam Erworbene weg war und es eine Strafe obendrauf gab. Alles war darauf ausgerichtet schnell etwas zu organisieren. Vor allem Essbares. Stundenlanges Anstehen war normal. So wie wir es viele Jahre später in der DDR selbst erleben konnten. Ein Bekannter meiner Schwiegermutter war Lokführer und befuhr häufig die Bahnstrecke in der Nähe unseres Hauses. Er gab dann Zeichen und warf uns einen Sack mit Kohlen herunter, den Friedhelm, mein Freund dann nach Hause trug. In den Trümmern wurde nach Holz, kaputten alten Möbeln gesucht, um Brennholz zu haben. Brennnesseln wurden gesammelt und gekocht und als Gemüse zubereitet. Die eine oder andere Katze wurde als Kaninchen zubereitet und verzehrt. Ebenfalls wurden Rübenblätter gekocht und als Gemüse verwendet, diese schmeckten wie Spinat.

Es war eine sehr aufregende Zeit und ich bin sehr froh, dass ich seitdem keinen Krieg mehr erleben musste.

Einschulung April 1942

Meine Schulzeit während des Krieges.

Im April 1942 begann ich meine Schulzeit in der katholischen Grundschule Kabelstraße. Wir waren alle Kinder in einer Klasse und wurden von einer Lehrerin unterrichtet. Der Unterricht umfasste Lesen, Schreiben, Rechnen und Religion. Anstelle von Heften hatten wir kleine Schiefertafeln zum Schreiben, da es damals noch keine Hefte gab. Mein Schulranzen enthielt diese Tafel, eine Griffeldose mit Stiften aus Metall, um auf Schiefer zu schreiben, sowie eine Dose mit einem feuchten Schwamm und einem Topflappen zum Abtrocknen. Schulbücher gab es zu dieser Zeit noch nicht; das gesamte Wissen, das wir lernten, hatte der Lehrer im Kopf. Auf dem Schulhof gab es keine Klettergerüste, wir hatten nur Seilchen, die wir von zuhause mitbrachten. So verbrachten wir unsere Pausen mit Seilchen Springen, Hinkekästchen und dem Tauschen von Glanzbildern mit verschiedenen Motiven, die wir im Schreibwarengeschäft kaufen konnten. Es waren einfache, aber schöne Zeiten, die meine ersten Schuljahre formten.

In meiner Klasse waren drei von uns evangelisch: ein Junge, ein Mädchen und ich. Einmal wöchentlich stand katholischer Religionsunterricht auf dem Plan. Währenddessen wurden wir evangelischen Kinder in eine andere Klasse geschickt, wo wir still arbeiten sollten. Unser eigener Religionsunterricht fand an einem Nachmittag in der Schule Hehnerstraße statt, zudem auch evangelische Kinder aus anderen Schulen kamen. Ich mochte diesen Unterricht nicht besonders, hauptsächlich wegen des langen Schulwegs und der Hausaufgaben, die im Anschluss noch zu erledigen waren.

Der Krieg prägte unseren Alltag. Feindliche Flugzeuge überflogen regelmäßig Mönchengladbach, sowohl tagsüber als auch nachts. Viele Gebäude lagen bereits in Trümmern und ganze Straßen waren nicht mehr zu nutzen. Meine Schwester, die 13 Jahre älter war als ich, erwartete ein Kind, während ihr Mann an der Front kämpfte. Mein Vater machte sich große Sorgen um die bevorstehende Geburt seines Enkelkindes. Zum Glück hatten Freunde von uns in Preis, einem beschaulichen Dorf nahe Bitburg, eine Unterkunft für uns. Sie waren zu dritt: eine Mutter mit ihren beiden Töchtern deren Männer bei der Wehrmacht waren.

Allerdings wollte meine Schwester nicht ohne unsere Mutter nach Preis reisen, und meine Mutter wollte mich nicht zurücklassen. Somit fuhren wir alle mit dem Zug nach Preis. Dort schien die Welt noch in Ordnung: Kein Fliegeralarm, keine Bomben. So konnte meine Schwester die letzten

Monate ihrer Schwangerschaft in Sicherheit verbringen. Ich besuchte in dieser Zeit dort die örtliche Dorfschule und dies war eine ungewöhnliche Herausforderung: Alles war mir fremd – die Schule, die Lehrer und die Mitschüler. Hinzu kam, dass ich Schwierigkeiten hatte, den Dialekt der Eifeler zu verstehen. Nach einer Weile hatte ich mich an die komische Sprache gewöhnt und konnte mich so gut es ging am Unterricht beteiligen.

Am 29. Oktober 1943 brachte meine Schwester das Baby zur Welt. Es war ein Junge und er wurde klein Erich genannt, da auch sein Vater Erich hieß. Mit gerade einmal sieben Jahren wurde ich Tante, das war etwas Besonderes für mich. Mitte November kehrten wir alle gemeinsam mit dem Zug nach Mönchengladbach zurück, und ich setzte meine Schulbildung in der Kabelstraße fort. Ich freute mich sehr wieder in meine bekannte Schule gehen zu können.

Doch die Schule an der Kabelstraße wurde, während wir in Preis waren, von Bomben zerstört, deshalb konnte kein Unterricht mehr stattfinden. In anderen Schulen in Mönchengladbach wurde noch unterrichtet, solange das Schulgebäude noch stand, wie in der Schule Engelsholt. Es wurde den Eltern die Wahl überlassen, ob sie ihre Kinder in die Schule schicken. Wenn die Eltern also wollten, dass ihre Kinder hingehen, musste eine Kontaktadresse angeben werden. Die Kontaktadresse sorgte dafür, dass bei Fliegeralarm alle in eine Schutzunterkunft gehen konnten und nicht im Schulgebäude zurückblieben. In der Nähe der Schule hatte meine Mutter eine Freundin wohnen und dort ging ich dann im Notfall hin. Von meiner Mutter wurde ich morgens zur Schule gebracht und mittags wieder abgeholt. Der Weg dauerte immer eine halbe Stunde. In dieser Schule war ich aber nur drei Wochen, denn ab da dann wurde in keiner Schule mehr unterrichtet. Die Räumlichkeiten wurden gebraucht und mussten dann als Unterkünfte für Obdachlose und Verletzte dienen.

Die Bevölkerung wurde aufgefordert, die Stadt zu verlassen. Es gab lange Wartelisten für die Evakuierung. Menschen ohne Unterkunft, Verwundete und Ältere hatten Vorrang. Eine ehemalige Lehrerin meiner Schwester war für die Zuweisungen verantwortlich. Sie hatte die Aufgabe zugewiesen bekommen, da kein Schulunterricht mehr stattfand. Da meine Schwester in einer Bombennacht ein Bein verloren hatte, weil eine Hausmauer auf sie geknallt war, wurden wir bevorzugt behandelt. So fuhren wir, meine Mutter, meine zwei

Schwestern, mein kleiner Neffe Erich und ich in einem Sammeltransport irgendwohin, wohin wir fuhren, wussten wir nicht. Unsere Reise führte uns nach Groß Ammensleben bei Magdeburg, wo wir bis zum Kriegsende blieben. Nach langer Zeit in Groß Ammensleben ging ich dort dann auch wieder zur Schule. In meiner Klasse waren ungefähr 20 Kinder und es gab für alle Fächer ein Lehrer. Einen Stundenplan, der unsere Schulzeit organisierte gab es nicht. Der Lehrer bestimmte welches Thema wir behandelten. Jedoch wurde ich von meinen Mitschülern aber nicht akzeptiert. Auch der Lehrer hat sich nicht bemüht, mich zu integrieren und er hat auch das schlechte Verhalten meiner Mitschüler nicht geahndet. Ich war eine fremde und blieb eine Fremde, ein Flüchtling im eigenen Land. Die Erzählung über das Leben in Groß Ammensleben und die aufregende schwere Reise zurück dokumentierte ich meinem Buch „Flüchtling im eigenen Land“ (2015).

Kriegsende. Die Schule Kabelstraße war noch zerstört, also fand kein Unterricht statt. Nach einigen Wochen bekamen wir in der Schule mitgeteilt, dass wir unseren Eltern eine Mitteilung überbringen sollten. Emails gab es ja noch nicht und das Papier für Elternpost war zu knapp. Die Mitteilung lautete, dass ihre Kinder in die Schule auf der Hehner Straße gehen sollen. Da waren natürlich auch die Kinder, die zur Hehner Schule gehörten und zusammen waren wir zu viele. Um den Andrang zu bewältigen, wurde der Unterricht für die verschiedenen Schülergruppen gestaffelt. Die Kinder von der Kabelschule hatten in der einen Woche morgens und in der anderen Woche nachmittags Unterricht und die Kinder von der Hehner Schule genau im Wechsel. Das hat gut funktioniert. Nach einem Jahr kam wieder eine Änderung. Die Schulen wurden diesmal konfessionell getrennt, somit war meine Schule dann die evangelische Schule Knoppstraße. Auch wenn die Schulen nun getrennt waren, gab es für mich keine Unterschiede. Jedoch war ich nach einer langen Reise durch verschiedenste Schulen nun am Ziel angekommen und hoffte, dass es nun die letzte Schule bis zu meinem Abschluss sein wird. Das Schulgebäude war ein altes großes Haus mit acht Klassenräumen. In diesen standen in Reihen aufgestellt massive Holzbänke und vorne war eine große Tafel. Am Ende des Schulgeländes stand ein kleines Häuschen, nicht viel größer als eine Garage. Da drin waren die Toiletten. Eine Seite für die Mädchen und die andere Seite für die Jungen. Im Winter bei starrem Frost waren die Rohre gefroren und wir durften die Lehrertoiltten unten im Keller benutzen. Darüber haben wir uns heimlich gefreut, da wir nicht den Weg durch die Kälte gehen mussten und zudem konnten wir Mädchen ohne Beobachtung unsere ersten Tanzschritte lernen.

Also wieder mal eine neue Schule, neue Lehrer und neue Kinder. Die Nachwehen des Krieges waren natürlich auch in den Schulen zu spüren. Von nun an hatte jede Klasse seinen eigenen Lehrer und der wechselte auch nicht mehr, je nach dem welches Fach dran war. Es gab auch keine Hefte zum Schreiben, also konnten auch keine Schul- und Hausaufgaben gemacht werden. Unsere Hausaufgaben waren dann im Sommer beispielsweise Kräuter in der Umgebung sammeln: Kamille, Schafgarbe, Taubnessel und weitere. Die gesammelten Kräuter wurden dann zur Schule mitgebracht und auf dem Speicherboden sortiert hingelegt. Die Apotheken aus der Umgebung haben diese dann regelmäßig abgeholt und Medizin hergestellt.

Am 11.11. war St. Martinstag und in der Kaiser-Friedrich Halle gab es eine Ausstellung mit selbst gebastelten Fackeln, heute würde man sie Laternen nennen. Anstelle von Hausaufgaben sollten wir zuhause mit der Familie unsere Fackel für die Ausstellung basteln. Die Materialien, wie Transparentpapier und Karton mussten wir selber kaufen. Meine Fackel war zylinderförmig und außen hatte ich sie bunt angemalt.

Als wir dann am Morgen mit unseren Fackeln in die Schule kamen hat unser Lehrer alles gebastelte streng begutachtet. An seinem Gesichtsausdruck merkte ich schnell, dass meine ihm ganz und gar nicht gefiel. Das teilte er mir dann auch mit und ich war sehr traurig, da ich mir fiel Mühe gegeben hatte. Alle Fackeln wurden dann zur Kaiser-Friedrich Halle gebracht und nach ein paar Tagen bekamen wir diese auch wieder zurück. Die besten Fackeln wurden von den Organisatoren ausgezeichnet und, kaum zu glauben, ich hatte den dritten Platz belegt. Nicht nur ich war erstaunt, sondern auch mein Lehrer machte ein ziemlich blödes Gesicht und war mundtot. Die ganze Klasse, alle Mädchen und Jungs haben sich sehr mit mir gefreut. Für den dritten Platz gab es als Preis eine gute Tafel Schokolade und eine Sammeltasse, also eine schöne Tasse mit großem Unterteller.

1946/47 war ein sehr kalter Winter. Es gab keine Kohle mehr, um in den Schulen zu heizen, daher mussten wir nur für die Hausaufgabenkontrolle in die Schule kommen. Die Lehrer haben über unsere Aufgaben geschaut und uns neue

Aufgaben gegeben. Dann mussten wir auch schon wieder nach Hause gehen und sollten zuhause lernen. Da in der gesamten Kriegszeit sehr viele Unterrichtsstunden ausgefallen waren, beschloss die Regierung, dass alle Kinder ein Jahr länger zur Schule gehen sollen. Daher bin ich neun Jahre zur Schule gegangen und nicht wie es eigentlich gedacht war, acht Jahre.

Da unsere Schulzeit mit der Konfirmation endete, damals galt man dann als erwachsen, hatte ich in den letzten beiden Schuljahren Konfirmandenunterricht. Somit mussten meine gesamte Klasse und die achte Klasse nachmittags von 17 Uhr bis 18 Uhr zum Gemeindehaus in der Stadt am alten Markt. Das war immer ein sehr weiter Weg. Die Stadt lag noch zum Teil in Trümmern und es wurde besonders in den Wintermonaten abends schnell dunkel. Daher ging meine Mutter zum Pastor und bat darum, den Unterricht auf eine frühere Uhrzeit zulegen, jedoch wurde sie mit einem eindeutigen Nein nach Hause geschickt. Danach ging meine Mutter auf die Barrikaden und forderte die Verantwortlichen in der Schule dazu auf, mehr Sicherheit für uns Kinder zu veranlassen. Danach legte man den Unterricht auf eine frühere Uhrzeit, sodass es nicht mehr so gefährlich und dunkel war, wenn wir zurück gehen mussten. Da die Kirche vom Krieg zerstört war, sollten wir bei Freunden und Verwandten Geld sammeln, damit die Kirche wieder aufgebaut werden konnte. Da sie natürlich nicht rechtzeitig wieder stand, feierten wir unsere Konfirmation 1950 im Betsaal auf der Magaretenstraße.

In meinem letzten Schuljahr wurde Englischunterricht eingeführt, etwas Neues für Volksschüler. Im letzten Schuljahr wurden sieben der besten Schülerinnen und Schüler aus meiner Klasse ausgewählt, um Englischunterricht zu erhalten. Ich gehörte dazu. Es wurden auch noch sieben Schülerinnen und Schüler der Regentenschule ausgewählt, sodass wir 14 Kinder in der Schule auf der Aachenerstraße einmal pro Woche für eine Stunde Englisch lernen durften. Da wir aber noch zu einer anderen Schule hin gehen mussten, durften wir früher aus der vorherigen Unterrichtsstunde gehen und kamen auch später nach Unterrichtsbeginn zurück. Daher fehlten uns immer zwei Stunden vom normalen Unterricht. Das gefiel mir eigentlich nicht so gut, aber der Englischunterricht hat Spaß gemacht.

Abschlussprüfungen gab es damals noch nicht und somit war meine Schulentlassung im März 1951. Ich bekam ein Zeugnis aus gutem Papier an meinem letzten Schultag, aber auch eine Abschlussfeier gab es nicht. Auf mein Zeugnis und die Beendigung der Volksschule war ich trotzdem mächtig stolz. Ich freute mich also meine Ausbildung zur Stopferin zu beginnen.

Printed in France by Amazon
Brétigny-sur-Orge, FR

18090353R00060